UM NOVO MUNDO É POSSÍVEL

CB037069

ADRIANA HACK

UM
NOVO
MUNDO
É
POSSÍVEL

A meu círculo de amizades,
que me suporta, me alegra e dá
significado a minha jornada.

A meu filho Gabriel, parceiro dessa
e de outras vidas.

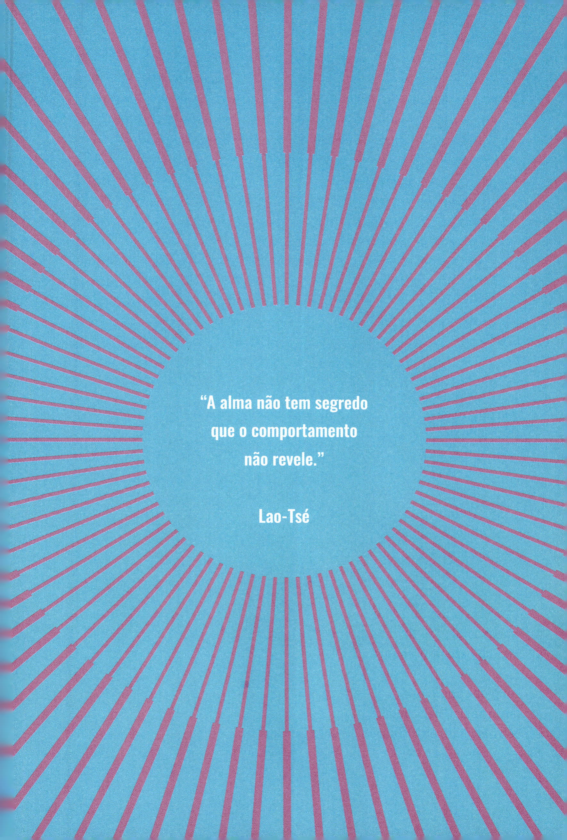

10   Assim começa um novo mundo

12   Introdução

16   Os valores dos novos tempos

23   **NATUREZA**
        reconectando com o que é essencial

39   **ESTILO DE VIDA**
        equilíbrio e a vida mais compartilhada

49   **DINHEIRO**
        a decadência do "consumismo"

63   **ALIMENTAÇÃO**
        provavelmente você está sendo enganado

75   **EDUCAÇÃO**
        o trabalho está em nós

87   **TRABALHO**
        reconhecendo seu real significado

99   **TECNOLOGIA**
        como lidar?

113   **POSICIONAMENTO**
        ativismo e resistência

125   **RESGATE DO FEMININO**
        a importância da descolonização das narrativas

135   **CORPO**
        reconexão e liberdade

147   **RELACIONAMENTO**
        o que realmente nos motiva

161   **ESPIRITUALIDADE**
        a confiança no processo

169   O mundo como conhecíamos nunca mais existirá

Assim começa o seu novo mundo

Um livro pode ser um encontro. Entre uma história e sua narrativa. Um fato e seu registro. Uma crença e sua defesa; uma descoberta e sua comprovação. Mas é sempre, em qualquer circunstância, o encontro entre um autor e o leitor que se dispõe. Por isso, é preciso fazer um ponto aqui, antes de se jogar numa leitura cujo título, por si só, já constrói expectativas tão potentes.

Assim como a gente se prepara para um date, sugiro à você leitor, que procure saber quem é essa que vai roubar sua atenção pelos próximos dias ou quem sabe, pelas próximas horas, antecipando que a leitura, por fluída e descomplicada, pode sim provocar uma imprevisível maratona e terminar o livro numa sentada só. Não me refiro à pesquisar sobre suas credenciais ou curriculum. Menos ainda, stalkear suas relações pessoais ou suas rotinas, ainda que de fato essas também sejam informações interessantes, que trarão admiração pela autora. Sugiro apenas uma fonte: essa introdução. E para isso, peço sua atenção para as próximas linhas.

Adriana não é uma acadêmica. Nem uma celebridade. Não é uma influenciadora. Nem uma especialista.

Dito isso, leitor, sua decisão de se entregar às "perspectivas mais generosas e colaborativas sobre novas formas de vivenciar o mundo", como sugere o subtítulo do livro, deve se basear em um único princípio: confiança. Faça um pacto com as palavras que for lendo, e confie.

Elas não te trarão mais sabedoria ou repertório pra você acumular. Não enunciarão diretrizes ou promoverão causas pra você adotar. Não exemplificarão receitas ou práticas pra você experimentar. Por outro lado, os capítulos, embora descritos numa narrativa absolutamente pessoal, também não servirão à cronologia e o entretenimento das biografias. Não espere um diário de confidências, de verdades secretas. Nem um documentário sobre viagens, lugares e culturas.

Essa não é uma defesa de tese, nem o arquivo pessoal da autora. E de tanto desconstruir suas expectativas, você deve estar se perguntando: então o que há pra ser aprendido, discutido, comentado? Não há. Há pra ser sentido.

Esse livro é a mais genuína expressão de alguém que nasceu com a adorável vocação para a escuta. Ou numa visão mais mística, com alguns bons planetas alinhados na casa 7. Sua experiência se dá no lugar do outro, na vivência dos contatos que faz com todos os mundos e dimensões. Daí seu interesse pela ancestralidade e sua busca tão autêntica por entender-se parte de um todo. Suas andanças e entrevistas, conversas e relatos; suas comidas e métodos de trabalho; seus amores, amigos, seus lares e prazeres são na verdade sua forma de se fazer espelho. E as passagens que conta de maneira tão sincera, entre as dores e delícias de se jogar num experimento nômade e transformador, são um presente.

Retribua leitor. Não queira roubar sua alma e plagiar os seus feitos. Como ela mesma sugere, num dos trechos mais emocionantes de sua narrativa: apenas deixe o estado do vazio te tocar. Assim começa o seu novo mundo. E ele é possível, sim.

Paula Lagrotta
Argentina, publicitária, mãe da Laura, Pedro e João Antonio,
eterna namorada do Ale e co-fundadora do projeto de upcycling Kitecoat.

Introdução

A mudança será inevitável

Nossa atual forma de viver definitivamente não é sustentável. Se não desenharmos novas formas de experienciar o mundo, fatalmente vamos viver em um sistema colapsado marcado por muito esforço, tristeza e frustração.

Nesse sentido, rever os princípios que constituem a base de nossas relações, como a maneira que atuamos junto à natureza, nosso sistema político, a maneira como educamos e somos educados, nossa relação com o trabalho, o consumo, entre outros temas, será fundamental para nos darmos conta de que somos parte de um todo e que nossas escolhas não devem ser baseadas na centralização em indivíduos dissociados dele.

Afinal, somos o todo e dependemos de um sistema mais harmônico para coexistirmos enquanto sociedade.

Não estou falando de criar um mundo novo, até porque não temos esse poder, estou me referindo a ideia de estarmos mais alinhados aos fluxos naturais que se apresentam e que definitivamente não podemos controlar.

Meus últimos 20 anos foram dedicados a estudar e compreender comportamentos humanos. Trabalhei para grandes empresas ajudando-os a desvendar anseios, hábitos, atitudes e expectativas de diversos perfis de pessoas, além de acompanhar algumas grandes ondas de mudanças que percebíamos como tendências.

Mergulhei fundo nessa proposta de entender como as coisas funcionam.

Compreender a maneira como as pessoas se comportam, o que valorizam, qual a imagem que querem expressar para o mundo pode ser muito transformador. Entrar em contato com diferentes realidades nos dá mais coragem de questionar nossa própria vida, podendo acessar outras referências além daquelas que fazem parte de nosso microuniverso.

Meu "ponto de partida" foi abrir a escuta para o novo: diferentes histórias, diferentes contextos, diferentes realidades que me permitiram virar minha vida de cabeça para baixo. E é exatamente isso que eu gostaria de compartilhar: o acesso mais próximo a outras formas de experienciar o mundo, a possibilidade de ampliar novos horizontes e perspectivas que permitem o questionamento sobre nossa atual forma de viver.

Aos poucos, percebi em mim uma grande transformação. Deixei de ser quem eu era e tomei coragem para mergulhar em novos horizontes: viajei o mundo sozinha por dois anos com apenas uma mochila nas costas, trabalhei remotamente pelo mundo quando isso era ainda muito questionável, idealizei uma casa colaborativa com um grupo de amigos, questionei profundamente minha relação com o consumo, mudei completamente a forma de me alimentar e me aprofundei em novos conceitos sobre educação.

Essas são algumas das mudanças que fui me permitindo fazer ao longo de minha nova vida, e sem dúvida, é apenas o início de um processo de desconstrução que eu espero jamais deixar para trás.

Não há dúvidas de que o mundo vem mudando de forma muito acelerada nos últimos anos (com a COVID-19 então, nem se fala) e se você pegar temas centrais de nosso dia a dia, vai perceber que tudo vem sendo questionado e vem passando por profundas reavaliações.

Algumas dessas mudanças podem nos interessar muito (e provavelmente, serão um alívio) e outras talvez não (e tudo bem!). Mas de qualquer forma, se quisermos ter um entendimento mais holístico sobre o novo mundo que está se desenhando, será fundamental entrarmos em contato com os principais movimentos de transformação que estão presentes ao nosso redor e em todo o mundo.

O fato é que estamos em plena mudança de era e os valores que marcam essa transição podem nos servir como base para aprofundar os principais movimentos de transformações comportamentais que vêm ganhando força nos últimos tempos.

O objetivo deste livro é expor uma visão mais ampla dos principais movimentos transformacionais (que aliás, podemos também chamar de quebra de paradigmas), apresentando os grandes pontos centrais de cada mudança: as referências que vêm se destacando, os autores especialistas em cada tema, as mudanças já consolidadas, novos caminhos e possibilidades a serem trilhadas...

Os temas que serão abordados nesse estudo envolvem as principais esferas do modo de viver de nossa sociedade e foram desenhados em forma de uma mandala dividida em 12 capítulos, além do ponto central que baseia todos os outros: os valores.

Esse é um convite para ressignificar nossas crenças (internas e externas), abrir espaço para o novo, desapegar, integrar novas referências, nos mantermos presentes, construir juntos uma realidade mais lúcida, criadora e desafiadora.

Bem-vindo ao novo mundo.

Os valores dos novos tempos

MEUS VALORES MUDARAM. Aquilo que foi importante para mim – minha expectativa em relação ao trabalho, minha forma de consumir, o que eu esperava de um relacionamento, como eu gostaria de ter meu corpo, o que eu desejava para o meu filho – de repente, mudou, ganhou novas nuances, deixou de ser aquilo que era, de um jeito simples, sem grandes complexidades.

Esse movimento de mudança de valores é percebido como uma tendência de comportamento. Assim como eu, muitas pessoas estão reconhecendo sua própria transformação.

Afinal, o mundo está mudando e os valores do mundo estão sendo ressignificados. Em plena mudança de era, não é de se surpreender que nossos valores estejam sendo reavaliados e ressignificados o tempo todo.

Uma simples escolha, como um alimento, uma roupa, um relacionamento, uma postura diante de uma situação, uma forma de atuar no dia a dia deve e já vem sendo repensada por pessoas ou grupos de pessoas que estão questionando a atual forma de viver.

Quando estamos atentos e lúcidos nos damos conta de que muitas de nossas escolhas e ações são mecanizadas e baseadas em crenças e valores que nem sequer foram questionados, e muito menos, idealizados por nós.

O fato é, que, muitos de nós não estamos mais confortáveis com o mundo que nos cerca e que por mais que uma grande maioria ainda defenda o estabelecido como a melhor forma de existência, existe um claro desconforto de que há algo de errado na forma como experienciamos o mundo ao nosso redor.

Os valores que estão moldando essa nova era estão sendo baseados em grandes mudanças de como enxergamos o mundo e como nos relacionamos com ele. Eles serão sustentados pela ideia de que somos seres providos de uma sabedoria interna (além da externa), de que somos coletivos e colaborativos e que o acúmulo não deve ser o objetivo de nossa jornada nesse planeta.

Se precisamos rever **todos** os nossos valores, algumas premissas precisam ser consideradas:

a intuição será um valor tão fundamental quanto a ciência

Existe uma máxima de nossa cultura ocidental que ainda está suportada pela valorização das respostas, da explicação coerente, do ensino que vem de fora, dos modelos pragmáticos.

Somos uma sociedade que abraça a lógica do pensamento cartesiano na qual "o que não pode ser medido, manipulado, experimentado, não é real".

Embora a ciência seja extremamente relevante e fundamental para nossa sociedade, ela não é soberana à experiência do sentir. Estamos compreendendo também que o processo de vida é criador e que nosso corpo é fonte inata de sabedoria.

Não precisamos deixar de lado nossa bagagem instintiva para nos comportarmos como uma folha de papel em branco que precisa ser preenchida pelos conteúdos disponíveis do mundo exterior.

O próprio bebê já chega a nosso mundo carregado de sabedoria.

Como valor da nova era, precisamos reconhecer que temos uma essência dentro de nós que é fonte de conhecimento e que nos ajuda a conduzir nossas experiências e nossas escolhas.

Como desafio para experienciar um novo mundo, precisamos reconhecer que há uma forte crença de que o valor do conhecimento externo é soberano a nosso instinto e a nossa intuição. E essa é uma grande mudança de paradigma que devemos vivenciar.

Essa sabedoria interna nos permite sentir além da própria experiência de nosso corpo, nos esclarecendo que somos seres sensitivos e que estamos conectados em rede.

teremos maior consciência de que somos seres interligados e colaborativos

Na cultura ocidental, aplaudimos os vencedores, os competidores, os concorrentes mais ferozes e sagazes, abraçados na noção de que somos separados (fomos orientados a pensar como indivíduos independentes "farinha pouca, meu pirão primeiro") e a partir disso também criamos uma forma de educação que é baseada em resultados individuais nos honrando por sermos seres independentes e competitivos.

Mas será que essa ideia em que nos baseamos a vida inteira é sustentável? Somos seres competitivos determinados pela sensação de escassez e acumuladores?

Quando Darwin escreveu *A Descendência do Homem*, ele mencionou duas vezes o termo "sobrevivência do melhor" e mencionou a palavra "amor" 95 vezes. Ele falou também sobre comportamentos como conciliação e colaboração.

Hoje, temos indícios para acreditar que a ideia que abraçamos a vida inteira não existe. Nossa principal habilidade como ser humano é a cooperação. O bebê humano só sobrevive a partir da interação e do cuidado de um outro ser.

"Nascemos porque houve a união entre duas pessoas": Desmond Tutu, arcebispo da Igreja Anglicana consagrado com o Prêmio Nobel da Paz em 1984 por sua luta contra o Apartheid em seu país natal nos relembra que dependemos um do outro para simplesmente, existir.

Somos seres com neurônios espelhados, quando vemos alguém sentir dor, até mesmo um desconhecido, essa dor também acontece em nós (basta relembrar a sensação que temos quando vemos aquelas videocassetadas), sentimos em nós o que se passa com o outro.

Nesse sentido, fica claro que uma sociedade com desequilíbrio de recursos, onde poucos têm muito e muitos têm muito pouco, não funciona em termos práticos.

mudaremos de forma radical nossa relação com o capital

Tem um jargão popular bem conhecido que marcou as últimas gerações: "você é aquilo que você tem!" E essa noção transformou nosso papel no mundo.

Definitivamente, deixamos de ser cidadãos, nos tornamos consumidores inconscientes carregando noções imagéticas completamente irreais daquilo que nos distingue como melhores ou piores nessa sociedade baseada na noção de que estamos separados.

Sequer percebemos que a ideia de acumular não está diretamente ligada à perspectiva de felicidade. Criamos um dos cenários de maior desigualdade como jamais visto no mundo, e ainda assim, não garantimos qualquer sentimento de preenchimento.

Por que precisamos ter tanta coisa?

Ainda estamos muito vinculados à ideia de ter, de acumular. Grande parte do mundo está viciado no ato de comprar.

Tudo o que você imaginar pode ser adquirido online e chegar à sua casa em 24 horas ou menos. Existem hoje exércitos de drones da Amazon que estão se preparando para facilitar seu acesso a produtos de qualquer natureza em poucas horas, e assim, construir a noção de que você será mais feliz.

Mas, hoje, também já existem movimentos e discussões de uma "simplificação da vida" como valor, base de uma nova era.

Alguns, em meio a colapsos emocionais começam a se dar conta de que a fonte de felicidade está no lugar errado. Estão deprimidos, exaustos, endividados e infelizes.

Nesse momento, um lapso de consciência e mudança de valores reacende. A vida não pode ser somente trabalhar para consumir. Existem outras fontes de vida que precisam ser revisitadas.

Livrar-se do peso de ter, de possuir, de acumular nos traz uma sensação de liberdade fundamental para que possamos desabrochar nesse novo mundo.

A mudança será inevitável. Não se pode continuar a consumir na velocidade em que estamos propondo, nosso planeta tem recursos esgotáveis. Não será fisicamente possível manter esse ritmo. A questão não é se vamos mudar, mas sim, como isso irá acontecer.

Tudo o que vamos ver ao longo deste livro nasce do exercício de abrir a escuta: ouvir e observar o questionamento de pessoas, grupos, gerações, pensadores, criadores, trazendo exemplos concretos sobre perspectivas mais generosas, colaborativas, lúcidas e inspiradoras sobre outras formas de experienciar o mundo.

Prepare-se para conhecer um novo mundo, porque aquele que conhecíamos, com certeza, já não existe mais...

NATUREZA
reconectando com o que é essencial

QUANDO ESTAVA NO AUGE DE MEUS 30 ANOS – mãe de um filho, recém-casada, trabalhando muitas horas por dia, tinha acabado de comprar meu primeiro apartamento – comecei a perceber que estava profundamente deprimida.

Na prática, não fazia nenhum sentido "estar deprimida...". Estava conquistando tudo aquilo que desejava. Eu me sentia importante e ocupada, mas alguma coisa parecia estar errada. Tinha um aperto no peito e a sensação de estar insatisfeita e cansada.

Naquele momento, não tinha nenhum recurso emocional para sair daquela situação.

Não me conhecia, não tinha intimidade com minha própria natureza, sequer entendia por que desejava o que desejava. Nunca tinha mergulhado em minha própria história, sabendo de onde vim, o que carregava comigo... Estava desconectada de meu corpo e sem nenhum envolvimento com o espaço a que pertencia.

Essa condição talvez tenha sido o pior momento de minha vida. Para o mundo externo, a imagem de uma vida perfeita; para o interno, um vazio sombrio que dava medo e angústia.

Talvez não seja tão óbvio, mas o primeiro passo para mim, que estava vivendo uma vida sem significado foi me questionar sobre minha existência, meu papel no mundo, minha relação com o mundo real, natural, e não com o mundo artificial e cheio de conceitos produzido pelo humano.

Senti na carne o que o líder indígena e ambientalista Ailton Krenak quis dizer com a seguinte frase: "estamos completamente desconectados, viciados em modernidade e viciados em entretenimento. A ideia do mundo atual é como uma ilusão de permanência e imortalidade".

Nesse momento, entendi que o ponto de partida para recomeçar e renascer buscando uma nova forma de viver seria me reconectar com os fluxos do que chamamos de natureza.

A palavra "natureza" provém da palavra latina natura, que significa "qualidade essencial, disposição inata, o curso das coisas e o próprio universo" [1].

Natura é a tradução para o latim da palavra grega physis (φύσις), que em seu significado original fazia referência à forma inata em que crescem espontaneamente plantas e animais.

O conceito de natureza como um todo – em nosso dia a dia – acabou sendo reduzido para todas as coisas que não foram construídas pelo homem, desabastecendo sua permanência em nós ou nossa permanência no todo.

Mas o fato é que nunca fomos separados da natureza, até porque nós somos parte dela, somos natureza.

Segundo Daniel Wahl, autor de *Design de Culturas Regenerativas*:

> essa separação do homem e da ideia de natureza só aconteceu na nossa cabeça e precisamos curar essa distorção dando um passo reconciliatório nos colocando de volta à natureza para depois podermos curar nossos recursos naturais, nossas sociedades, economias e ecossistemas dos quais fazemos parte.

O ponto primordial e que precisa ser amplamente revisto é que estamos e nos sentimos completamente desintegrados do todo, e para que possamos fazer qualquer movimento de transformação em nossas vidas, precisaremos nos regenerar enquanto seres, resgatar nossos princípios, valores, e principalmente, entender por que agimos da forma que agimos.

Segundo Ernst Götsch, agricultor e pesquisador suíço, pai da chamada Agricultura Sintrópica, "a forma como o ser humano está agindo no planeta está totalmente em conflito com os ecossistemas naturais e originais dos quais fazemos parte".

É preciso desinvestir de todas as coisas que aprendemos a fazer simplesmente porque fazem parte de nossa cultura e rever nossas motivações, encontrando o lugar de nossa energia criativa garantindo um estado harmônico com nosso entorno.

Não há mais espaço para nos desresponsabilizarmos de nossa condição. É fundamental reavaliarmos nosso estado de presença em cada gesto e ação que praticamos.

Agir sem considerar o propósito de cada movimento, de cada motivação é uma alienação que custa bastante caro para quem pratica. Eu mesma experimentei essa condição.

Na fase mais produtiva de minha vida, em que poderia estar criando com toda minha potência ideias e projetos que me preenchessem como ser, estava muito envolvida com a ideia de consumir, conquistar, de corresponder às expectativas sociais de ser uma pessoa bem-sucedida e muito pouco integrada com a ideia de sentir. Não me dava conta do quão artificial e industrial se tornaram minha vida e minhas escolhas.

A ferramenta que encontrei para ir fundo no processo de reconexão com a natureza foi a terapia bioenergética, técnica corporal desenvolvida pelo psicanalista Alexander Lowen, a partir dos estudos de Wilhelm Reich. A proposta é que, através do corpo, seja possível novamente, reconectar o indivíduo com suas emoções.

Existem diversos caminhos que podem dar suporte para esse processo de autoconexão e autoconhecimento. Escolhi um menos convencional, mas decidi seguir em frente, porque, pela primeira vez, vi meu controle dissipar-se por completo.

Durante os primeiros anos desse processo, me aprofundei em muitos temas que jamais tinha imaginado que iriam mudar tanto minha vida. Trabalhei para me reintegrar com minha natureza.

Aprofundei minha história (ancestralidade), aprendi a ter mais consciência de meu corpo e passei a observar mais minha relação com o espaço em que eu habito. Foi um processo muito difícil, mas libertador.

Conseguir me perceber como natureza foi a base primordial para resgatar minha habilidade de me sentir conectada e, a partir disso, construir uma nova experiência de estado de presença.

Os principais movimentos que fiz para me aprofundar nesse processo foram: o resgate de minha ancestralidade, a busca da consciência de meu corpo e a integração com o lugar que eu habito.

O resgate da ancestralidade

Conectar-se com a natureza passa, antes de tudo, pelo resgate de nossa própria natureza.

Para o jornalista, pesquisador e escritor baiano Muniz Sodré:

> Cultuar a origem, não apenas como um simples iniciar histórico, mas como o 'eterno impulso inaugural da força de continuidade de um grupo' é fundamental no processo de reconhecimento da nossa ancestralidade.

Independente de nossa vontade, nosso passado sempre estará presente em nós. Somos o resultado de muitos acontecimentos, da história de muitas pessoas que estão em nossa memória celular, totalmente incorporadas.

A ancestralidade também é a visão ampla da experiência de comunidade e a ideia de que pertencemos a um grupo, de que somos parte de um todo e que carregamos um legado cultural.

Certa vez, meu professor do curso de Ayurveda na Índia, falou uma frase que eu nunca esqueci:

> se a gente carrega os traços do nariz dos nossos avós, bisavós, é muito provável que também carreguemos em nossos DNAS os piores medos e traumas, assim como, os momentos mais marcantes de cada história.

Pela reconexão com nossos antepassados, curamos feridas ancestrais, transformamos as heranças negativas que fazem parte de nossa história, nos liberamos de cargas emocionais e reforçamos nossas raízes, nossa forma de existir nesse presente.

Quem somos nós? Quais as histórias que carregamos em nosso DNA? Na verdade, essa foi uma pergunta que quase nunca me fiz. Não sabia muito sobre a história de meus pais (sua infância) nem da dos pais de meus pais e nem da de seus pais.

Entender sobre nossos antepassados é praticamente uma chave para acessar nossa natureza interna. E compreendendo melhor esse ponto, decidi ir mais fundo no entendimento sobre de onde eu vim.

"Triste do homem que morre conhecido por todos, mas desconhecido de si mesmo" já afirmava Francis Bacon em 1561.

Sou descendente de alemães e italianos. Sabia pouco sobre a história da família de meu pai. Sempre creditei isso ao fato de meus antepassados serem mais frios, de poucas palavras. Não sentia nenhuma identificação com esse núcleo mais rígido e mais gelado de minha família. Percebia que essa desconexão com a família paterna era uma trava inclusive em meus relacionamentos. No fundo, me sentia extremamente magoada com minha ancestralidade masculina.

Analisar com profundidade nossos contextos familiares foi a chave para entender muito de meu próprio comportamento.

Comecei a trabalhar muito cedo, desde os 15 anos já trabalhava como vendedora de loja em shopping, queria muito ter meu próprio dinheiro, ser independente financeira e emocionalmente. Desde esse tempo, nunca parei de trabalhar até hoje. Óbvio que em um determinado momento, por mais que eu fosse bem remunerada, trabalhar obsessivamente começou a me fazer mal: corpo saturado, pouco tempo de dedicação à família, pouco lazer e muita tensão.

Só consegui entender e mudar minha relação com o trabalho quando entendi a motivação mais profunda que tinha em mim. Analisando a história de meus ancestrais, minha família de origem alemã carregava uma das cenas mais machistas e ainda cotidiana em diversos lares do mundo: na casa de meus avôs, onde eles tinham oito filhos, sendo seis homens e duas mulheres, apenas os homens trabalhavam fora. As mulheres ajudavam minha avó na cozinha, servindo todos os homens da casa. Foram criadas, cresceram e morreram dentro de uma cozinha.

Essa história não é algo distante, de 1900. Aconteceu agora, em tempos modernos, e, se seguiu até o falecimento de minha última tia, em 2015.

Quando nasci, não me deram o nome de minha família por parte de mãe, tenho apenas o sobrenome de pai.

Entender do que, no fundo, eu me defendia, foi fundamental para conseguir mudar minha relação com o trabalho. Por mais difícil que tenha sido entrar em contato com essa realidade, foi libertador enxergar esse lado de minha história.

O mergulho em minhas origens me fez tão bem, que decidi ir ainda mais fundo e conhecer a cidade natal de meu bisavô na Alemanha. Descobri que ele veio fugido para o Brasil jovem, mas toda sua história se passou em uma cidade congelante chamada Jakobsweiler que tem apenas 240 habitantes a mais ou menos duas horas de Frankfurt.

Em 2018, decidi ir até lá. Como será que eles viviam? O que tinha por lá? Qual o cheiro desse lugar? Como eu me sentiria em estar na cidade onde muitos de meus antepassados passaram a vida inteira? Como deve ser viver aquela rotina na iminência de servir em uma guerra? Um misto de excitação e curiosidade despertava dentro de mim.

Cheguei de carro àquela cidade fria e com pouca troca entre as pessoas. Procurei por moradores que falassem inglês para passar o dia com eles e conhecer um pouco mais daquela cidade.

Que experiência! Descobri a casa que minha família morou, reconheci o cheiro da comida de minha avó na cozinha da casa que visitei, fui apresentada com todo orgulho ao Museu de Miniaturas que era a única atração da cidade. Detalhe para a coincidência de eu ter sido uma criança absolutamente apaixonada por miniaturas. Era tão vidrada em itens pequenos, que tenho memórias de uns dos presentes de Natal que mais amei na vida: um nécessaire com miniaturas de amostras grátis de produtos de farmácia.

Confesso que essa viagem foi fundamental para conseguir integrar e respeitar minhas origens. Hoje, depois de grande desconforto sobre minha história, sinto que estou vivendo um processo de compaixão honrando a trajetória de várias outras pessoas que me deixaram essa herança ancestral.

Outra lição que tive sobre a importância do resgate da ancestralidade foi em um projeto sobre cabelos crespos em 2012, em que a proposta era entender a relação das mulheres com seus cabelos. Trabalhei com mulheres que faziam procedimentos químicos em seus cabelos e com outras que começaram a assumir o que elas chamam de *black*. O resultado das discussões com as mulheres que faziam procedimentos de alisamento foi uma série de testemunhos emocionais muito profundos que revelavam o quanto elas se sentiam desprezadas por sua origem e o reconhecimento claro de uma distinção social por conta da aparência, uma profunda sensação de inadequação: "aliso meus cabelos porque foi a única forma de encontrar um emprego"; "quando fiquei grávida me ajoelhava na cama todos os dias e rezava muito pedindo que a minha filha viesse com um 'cabelo bom'. Assim, ela teria uma vida melhor, seria menos discriminada".

Tinha choro, tinha dor. Todas as mulheres que tinham começado a assumir o *black* traziam em seus discursos uma forte ligação com sua ancestralidade, com a força de suas origens e isso as ajudava a se sentirem mais fortes e seguras para iniciar um movimento de descolonização de seus corpos e criar um espaço de maior aceitação de uma estética que pertence a sua própria origem cultural.

Aqui, fica explícito o impacto duradouro da violência colonial e do racismo em nossa sociedade e também a necessidade de repensar e reorganizar nossa forma de viver e de se relacionar com o outro.

Hoje, é possível acompanhar diversos movimentos que falam sobre o resgate de nossa ancestralidade. Encontros de mulheres, rodas do sagrado feminino, sessões de constelação familiar, queima coletiva de cerâmica, tenda do suor, encontros com xamãs e pajés para nos reconectar com costumes de nossa cultura ancestral, assim como outros movimentos como pesquisar mais sobre a história de nossa família, ingressar em sites que remontam nossa árvore geológica, aprofundar de onde viemos e o que carregamos dentro da gente são alguns exemplos de movimentos desse despertar interno.

Se puder, aproveite para embarcar em uma linda viagem como essa.

A consciência do corpo

Numa sociedade em que os valores são todos externos, como posses, bens, sucesso, e que somos bombardeados com muitas informações que não são genuinamente necessárias para nós, o corpo perde completamente sua centralidade.

Como carioca nata, criei uma referência muito marcada pelo corpo estético, um "mercado de corpos" como diz Miriam Goldemberg, antropóloga e autora de diversos livros sobre o tema do corpo como imagem que atende aos padrões estéticos que foram impostos por nossas culturas/sociedades.

Claro que tenho ciência de que existe grande culto ao corpo em nossa sociedade, o corpo tratado como mercadoria, mas despido de alma; moldado, sem nenhum rigor energético, apenas a carne.

Eu mesma, no ímpeto de pertencer, coloquei silicone para aumentar meus seios, e hoje, me arrependo bastante da intervenção artificial que me provoquei.

A consciência do próprio corpo a que estou me referindo aqui não trata desse princípio (corpo estético). Estou falando do reconhecimento do corpo como parte integral do que chamamos de natureza.

Uma das mais importantes obras de literatura chinesa, o texto clássico do taoísmo *Tao Te Ching* (traduzido como o livro do caminho e da virtude) escrito por volta do ano 300 a.C. traz algumas das mais antigas sabedorias ancestrais e cita no capítulo 54 o seguinte texto:

Restaure seu corpo
sua virtude será autêntica.
Restaure sua casa
Sua virtude será abundante
Restaure sua província
Sua atitude será crescente
Restaure seu reino
Sua virtude será farta
Restaure seu mundo
Sua virtude será vasta.

A consciência do corpo é, sem dúvida, a base de qualquer processo de regeneração e transformação. É praticamente impossível falar de presença e de cuidar do todo se não estivermos, de alguma forma, sentindo a nós mesmos.

O grande problema é que o estilo de vida em que mergulhamos hoje com tantas distrações, horas de trabalho, drogas (álcool, açúcar, farinha) e informações nos anestesia e nos distancia profundamente do sentir, como sentido da vida.

"Restaure seu corpo e sua virtude será autêntica" é um princípio milenar e de grande sabedoria. Fundamental como ponto de partida para entender que a conexão com o corpo é o primeiro passo para acessar uma consciência mais ampla no sentido de poder olhar o todo em estado presente, sem estar distraído com tudo o que nos é ofertado.

Embora todo esse processo pareça simples, na verdade não é. No meu caso, eu sequer tinha consciência que meu corpo tinha consciência. Nossa, aqui eu tive que me esforçar para compreender que existia uma relação entre mim e meu próprio corpo!

Vivi pelo menos duas décadas muito desconectada de mim mesma. Tanto movimento e trabalho, que perdi completamente esse contato. Vivia exausta e trabalhava muito na lei da compensação. Quanto mais cansada, mais anestesiava meu corpo.

Perdi a capacidade de escuta dos sinais internos, o que não deixa de ser um comportamento esquizofrênico. Fiquei extremamente vulnerável enquanto ser. Vi meu corpo começar a se exaurir, inflamar, se deteriorar.

Dizem, inclusive, que o corpo chega até a parar de adoecer, ele para de sentir, e quando surge algo, é sempre algo mais sério, e algumas vezes, irreversível.

Começar o processo de resgate da consciência de meu corpo não foi fácil, estava tão anestesiada que tive dificuldade de entender do que estavam falando; o que era de fato sentir o corpo.

Dentre muitas iniciativas que ensaiei – a que teve maior resultado – foi a de me aproximar de tudo que era mais natural e tentar me distanciar ao máximo do que podemos chamar de "artificial". (industrializados, movimentos não-naturais, medicina alopática e qualquer outra coisa que desse a sensação de que iria me anestesiar foi sendo afastado completamente de minha rotina).

Nessa fase, consegui me conectar com a ioga, incorporei em minha vida as caminhadas ao ar livre, fortaleci minha relação com o mar, comecei a fazer meditação ativa (que envolve dança livre) e tento seguir em minha rotina todas essas atividades sozinha ou acompanhada e em qualquer lugar em que eu estiver.

Interessante, que quando estava fazendo pesquisa de campo, entre as mais de 200 casas das classes BC que visitei nos últimos anos (seja no Brasil ou na América Latina), ouvi pouquíssimos casos de famílias que realmente buscavam uma rotina mais conectada à natureza.

O termo "qualidade de vida" era muito utilizado para descrever uma vida com mais tempo e prazer, e muitas vezes, as ofertas mais artificiais/industriais acabavam sendo o objetivo para garantir a sensação de uma vida melhor.

Na verdade, muitos pesquisados falavam de desejar uma alimentação mais natural e um estilo de vida menos atribulado, corrido, mas, na prática, não se direcionavam a incorporar movimentos significativos: "Aqui em casa ninguém toma mais refrigerante, agora só consumimos suco (de caixa)".

Hoje, já se vê algum movimento em torno de um consumo de produtos menos processados e de produção local, mas ele é ainda muito tímido e dá a sensação de ser mais oneroso do que quando comparamos com a disponibilidade das outras propostas.

Esse anestesiamento, no qual somos incapazes de sentir nosso próprio corpo, talvez nos ajude a explicar por que a maioria de nós se tornou tão passiva em relação ao envenenamento de nossos alimentos, tão impotente em relação a rever nosso estilo de vida e tão leviana quando preferimos investir em outros artigos e marcas de grife do que em nossa própria alimentação.

Esse é um convite para uma revisão de nossos hábitos de tudo que envolve nosso corpo. Às vezes, muitas ações que fazemos acreditando estar nos ajudando estão trabalhando contra nós. Medicamentos sem necessidade, alimentos processados e industrializados, movimentos artificiais que exaurem nosso corpo merecem uma revisão atenta.

O lugar que eu habito

Já tive a sensação de que era filha de azulejo com concreto. Nunca tive muita ligação com a natureza. Sempre tive muito medo (medo mesmo) de insetos, formigas, bichos que adentravam os espaços que eram meus (era exatamente assim que eu pensava).

Não tenho memórias de minha infância em ambientes mais naturais. Tirando a praia que era um momento muito comum na rotina de lazer, posso afirmar que não era uma pessoa íntima da natureza.

Até mesmo pensando no meu antigo estilo de vida, nunca fui muito conectada às estações, sempre comi poucas frutas e legumes, sequer me atentava que esses alimentos tinham a ver com as estações do ano.

Mas não era desligada de tudo não. Sabia tudo sobre decoração, moda, shopping, cinema, eventos, festas, roteiro de viagens, carnaval, companhias áreas, salas VIP de aeroportos. Sabia quando as coleções entravam e saíam das lojas, sempre decorei os apartamentos que morei com muito bom gosto, sempre consumi os *gadgets* de última geração, sempre me vesti de acordo com a moda. Jurava que estava no caminho certo.

Eu aprendi muito bem a me tornar uma boa CONSUMIDORA.

Com esse contexto, não preciso fazer grandes análises para chegar à conclusão de que estava completamente desintegrada da natureza.

Toda a nossa história, desde os primórdios, antes dos *homo sapiens*, incluindo os grandes mitos gregos e romanos, os povos primordiais das Américas, qualquer história antiga, todas reverenciavam a terra e a natureza como o espaço de maior sabedoria.

Eu reverenciava os restaurantes, os drinques, as roupas novas como minha experiência divina nesse planeta. Fui conduzida pela sociedade a que me integrei (família, amigos, escola) a privilegiar o conhecimento acima da intuição, a acreditar só naquilo que posso provar. Acabei me tornando uma máquina.

Me desconectei por completo do tempo da terra. A sociedade a que eu pertenço perdeu essa conexão. Não observamos mais as estações do ano, os ciclos lunares, o movimento das marés. Usamos um calendário criado por homens, onde celebramos o Natal com comidas típicas de inverno no meio do equinócio do verão no hemisfério sul (Papai Noel chegando durante o verão de 40 graus do Rio de Janeiro com seus trajes quentes, seu trenó e suas renas. Parece até piada, mas não é!).

Nós, mulheres, perdemos muito também. Perdemos a conexão com o ciclo de nosso próprio corpo, tratamos a menstruação como algo incômodo sem compreender que temos um ciclo, assim como o planeta tem o tempo que gira em torno de si, o tempo que gira em torno do sol, como as estações que sugerem diferentes momentos e recursos.

Perdemos a confiança em nossa Mãe Terra e passamos a confiar em histórias narradas por homens.

Enquanto sociedade, a maioria de nós parece estar muito satisfeita consumindo o que a indústria sugere, imersos em ambientes artificiais repetindo os mesmos movimentos, a mesma hora de acordar independente de quando o sol nasce, doando as mesmas seis, oito, dez horas de trabalho diárias independente do que nosso corpo está sugerindo. Não sabemos mais quais os alimentos que nos são fornecidos por cada estação porque cultivamos o que queremos em ambientes artificiais.

É essa desconexão que fez com que eu nunca confiasse em meu planeta e desejasse me tornar um padrão, vivendo em caixas apertadas, destinando praticamente meu dia inteiro a produzir porque a vida natural, com menos preocupação e leveza, não era soberana e suficiente ao meu olhar.

É essa desconexão que fez com que eu buscasse padrões o tempo todo, que fez com que eu acreditasse que tudo deveria ser perfeito, e foi ela que me distanciou da diversidade e da beleza das coisas que não são formas-padrão, aquilo que eu considerava imperfeito, mas na verdade nem era.

A boa notícia é que nós não somos seres desconectados da natureza, somos natureza e precisamos resgatar esse espírito, porque vivemos em comunidade e estamos completamente interligados.

Nasci e fui criada em um apartamento apertado, dentro da minha pequena caixa que eu chamava de quarto. Não criei conexões com os espaços mais naturais desde a infância, meu corpo se conformou com as formas lineares, com o cheiro da cidade, com o ônibus escolar, com o barulho de um trânsito sempre congestionado.

Não sentia falta da natureza porque eu nem sentia que pertencesse a ela. Esse é um grande desafio, sentir falta daquilo que você sequer vivenciou. Mas como essa experiência mora dentro de cada um de nós (afinal, somos natureza), quando mergulhamos em um processo profundo de autoconhecimento, resgatamos aquilo que é natural, mesmo que tenhamos que acessar essa referência dentro de nós (conhecimento interno).

Hoje, frequento uma pequena casa no meio da mata nos arredores de Paraty. Hoje sinto uma necessidade profunda de me integrar à natureza, ouvir o barulho do rio, deitar-me na grama gelada, contemplar a lua, mergulhar na cachoeira, passar uma tarde na praia. Convivo com formigas e outros bichinhos que estão em meu dia a dia, dentro de casa, em um ambiente simples e harmônico.

Hoje, meu apartamento do Rio parece uma floresta, minha *urban jungle*. Aprendi a me relacionar com as plantas, entender seu ciclo, quando estão secas ou aguadas, quando precisam de luz ou de sol, até mesmo, quando precisam conversar.

Hoje, minha menstruação está totalmente integrada ao ciclo lunar, planto minha lua (libero meu sangue menstrual na terra), reconheço as diferentes mulheres que habitam em mim alinhadas ao meu ciclo menstrual.

Hoje, estou atenta a uma alimentação mais orgânica, aprendendo o tempo das coisas, a época de cada fruta, cada legume, tentando ouvir o que meu corpo deseja e não minha cabeça.

A ideia de trazer o pensamento sobre essa reconexão com a natureza permeada pelo resgate da ancestralidade, da consciência do corpo físico e da relação com o meio é uma forma de reforçar que nosso ponto de partida para construirmos um comportamento mais regenerativo enquanto sociedade passa, antes de tudo, por um olhar bastante apurado sobre cada um de nós, e principalmente, por nossas escolhas em relação a nosso estilo de vida.

Digas como vives, que eu te direi quem és.

---

1 *Online Etymology Dictionary* Harper, Douglas. "Nature".

ESTILO DE VIDA
equilíbrio e vida mais compartilhada

SEMPRE SONHEI EM TER UMA VIDA EQUILIBRADA. Esse tema chegou a ser uma obsessão. Pesquisei bastante, comprei livros, pensei em sair da cidade, fiz milhões de listas de como gostaria que minha vida fosse, idealizei muito um estilo de vida mais saudável, uma alimentação mais orgânica, um ritmo menos frenético, com pausas longas em minha rotina para eu poder contemplar os momentos, relaxar.

Esse dia nunca chegou.

Procurei meu terapeuta para ter uma conversa séria sobre o assunto. "Cara, por que eu não consigo ter uma vida equilibrada do jeito que eu gostaria? Ter hora livre na agenda todos os dias, acordar cedo, praticar minha ioga com uma música linda ao fundo, tomar água com limão todas as manhãs, ter um planejamento semanal/mensal criado e concluído?

Por que minha semana tem sempre mais compromissos do que eu desejo? Por que eu saio na noite anterior e acordo atrasada? Por que eu sempre esqueço de comprar limão na feira? Por que quando acordo minha trilha sonora parece mais *rock'n roll* do que uma citara indiana?"

Talvez essa tenha sido umas das conversas mais importantes que tive nos últimos tempos. Me desmontou completamente.

Cheguei decidida a resolver essa questão: sentei-me em uma cadeira de veludo de uma sala linda no meio da natureza onde me encontro com o Francisco, meu terapeuta e amigo, que tem uma abordagem mágica em relação à vida.

Comecei: "Francisco, quero ter uma vida equilibrada, não aguento mais a correria, o caos, as coisas que estão fora de controle. O que eu preciso fazer para mudar isso?" (Claro, que devo ter acionado minha loucura do controle, mas tinha certeza de que precisava ir fundo neste ponto).

Ele olhou para mim, respirou, pensou, aproximou o corpo e começou a falar bem baixinho: "querida, vou te ajudar a solucionar isso hoje, mas primeiro eu vou te contar um segredo que as pessoas ainda não sabem, mas está na hora de você entender..." E continuou sussurrando: "a verdade é que equilíbrio não existe, equilíbrio nunca existiu".

Fiquei ali olhando para ele e pensando: "coitado, ele não sabe nada sobre isso, já li em diversos livros, tem série na Netflix sobre o assunto, vários gurus da ioga falam sobre isso. Como assim, não existe?"

Ele também pausou a conversa, para me deixar bem confusa, mas seguiu em frente: "eu vou pedir para você fazer um zoom agora naquela grama que está ali na frente e olhar bem de pertinho. Provavelmente, deve ter uma minhoca comendo uma formiga. Deve ter um inseto sendo engolido nesse exato momento. Nada disso é uma imagem da natureza em paz. Tudo está acontecendo ali e quando você chega mais perto, não vê exatamente equilíbrio. Aliás, você costuma ver chuvas equilibradas, com pouca água? Passarinhos equilibrados, meditando, cansados de voar e piar? Você acha que o sol é equilibrado? Já viu uma criança equilibrada? Sem energia? Ou prefere ver uma criança viva, vibrante...?

Se você quer realmente entender o ritmo da natureza, o verdadeiro equilíbrio, preste bastante atenção: a natureza vibra. Você precisa estar totalmente atenta a que áreas de sua vida está vibrando... Se sua vida está vibrando trabalho, trabalhe. Se sua vida estiver vibrando amor, ame. Se sua vida estiver vibrando uma pausa, pare. Fique completamente atenta ao que está vibrando para você, saia do controle e sinta o que vem em sua direção. Não terá mais nenhum problema em relação a isso, te prometo."

Mesmo que tenha me decepcionado um pouco, porque realmente estava atrás da fórmula do equilíbrio naquele momento, entendi completamente o que ele estava falando. Mais uma vez, você precisa parar de intelectualizar as coisas, precisa parar de trazer tudo para a mente e precisa sentir, precisa confiar em sua intuição para entender o que está vibrando para você.

Segundo Sobunfu Somé, escritora e professora africana especializada em espiritualidade, na vida tribal, a pessoa nem consegue imaginar como a gente vive tão freneticamente. Para se conseguir viver em uma tribo como a que ela cresceu na África, é fundamental vibrar o ritmo local, estar conectado com o espírito comunitário, vivenciar o momento presente e comungar com a terra e a natureza. Paciência é essencial. Ninguém na aldeia parece compreender o sentido da pressa.

No momento em que eu estava lendo o incrível livro dela chamado o *Espírito da Intimidade*, senti pela primeira vez o que vibrava em mim quando pensava obsessivamente em mudar meu estilo de vida e me sentir mais equilibrada: "preciso sentir mais meu momento presente, conectar com o espírito de minha comunidade e comungar com a natureza disponível para mim. Com certeza, assim, a paciência e o tal do equilíbrio reinarão."

Se partirmos do princípio de que precisamos trazer nossa atenção para tudo que vibra para nós, e assim rever nossos hábitos para começar a fazer um processo de mudança, como será reavaliar nossas escolhas e tudo o que compõe o que chamamos de nosso estilo de vida?

Estilo de vida é a forma como se constrói uma rotina e como ela envolve alguns aspectos: nossa relação com as coisas, com o trabalho, com o tempo e com as pessoas. Nesse sentido, ele tem grande importância porque está diretamente ligado à forma de como experienciamos o mundo.

Ao longo de minha carreira, pesquisei muito sobre esse tema. Além de me interessar individualmente, chama muito a atenção de empresas que buscam saber cada vez mais como os indivíduos se comportam a fim de identificar oportunidades para criar mais produtos e serviços que sejam relevantes para nós enquanto consumidores.

Nosso estilo de vida acaba por expressar muito sobre cada um de nós, e principalmente, quais são nossas prioridades e escolhas.

Ao longo de toda minha vida, aprendi a mecânica básica de produzir e trabalhar para comprar tudo que precisava. Talvez essa tenha sido minha prioridade por muitos anos. Trabalhava sem parar para garantir meu conforto e o de minha família. E esse "conforto" era muito mais do que minha simples sobrevivência. Era aqui que se denunciava toda minha relação com o status.

Embora não se admita publicamente, são poucos os que estão plenamente seguros com sua posição social. A questão de adquirir pode tomar dimensões gigantescas, tirando o sono, acabando com a paz de espírito e se tornando a principal preocupação de muitas pessoas. Muitas vezes, esse desejo se sobrepõe as nossas relações e na ânsia de adquirir, perdemos casamentos, amizades e entramos em brigas que nunca foram curadas dentro de nosso núcleo familiar.

Alain de Botton, filósofo suíço, descreveu maravilhosamente essa relação no livro *Desejo de Status* onde o autor explora a fundo o tema, analisando os principais fatores que provocam esse desejo: a falta de amor, o esnobismo dos outros, as expectativas demasiado elevadas que temos, a estrutura meritocrática defendida por nossa sociedade e a dependência de fatores externos para a conquista do sucesso profissional.

Nesse livro, ele revela também que não nos tornamos apenas mais ricos quando começamos a acumular,

> os benefícios do status elevado, raramente se limitam a riqueza. Não devemos nos surpreender se encontrarmos muitos que já são ricos continuando a acumular. Seu empenho só seria peculiar se insistirmos em um raciocínio estritamente financeiro. Eles procuram não só o dinheiro, mas o respeito que supostamente deriva dessa acumulação.

Quase todos nós ansiamos por dignidade e nossa sociedade recompensa através da lógica da meritocracia aqueles que supostamente chegaram lá por conta de seu merecimento, e aqueles, que não tiveram o mesmo destino, são os que, de alguma forma, não fizeram o suficiente para merecer.

Essa é uma lógica perversa que nos prende de forma severa dentro desse sistema. Para muitos, a relação com o trabalho e o tempo de vida está totalmente enganchado aqui. Na ânsia de ser amado, trabalhamos sem pausa para enriquecer e receber esse reconhecimento tão desejado. Sem nenhum equilíbrio e entendimento, perdemos nosso tempo de vida e a chance de recebermos amor.

Esse tempo sempre será irrecuperável.

Um dos pontos mais importantes e definitivos para mexer em meu estilo de vida foi mudar a equação em que adquirir era meu principal valor para tratar meus relacionamentos como minha prioridade.

Isso parece um passo óbvio, mas não é. No fundo, quando nossa autoestima não está tão potente, acreditamos que precisamos ter algo para oferecer para sermos amados (a lógica reversa do capital).

Parar de pensar individualmente e começar a pensar como comunidade. Compartilhar e colaborar como o ponto de partida para me tornar menos dependente dos recursos financeiros, me tornar mais autônoma possível do sistema em que eu estava envolvida, e principalmente, abrir a porta das relações comunitárias.

O estilo de vida que eu tinha anteriormente – trabalhar para adquirir, uma visão profissional voltada para o retorno e a competição, e a organização voltada única e exclusivamente para meus interesses – me isolou de uma vida mais comunitária e compartilhável.

Decidi ir fundo nessa abordagem e percebi que precisava vivenciar diferentes experiências em locais que já trabalham esses valores como princípio de vida.

Fiquei durante um mês em uma comunidade com 80 moradores no sul do Brasil para entender como é a experiência de viver coletivamente. Nesse caso, habitei um galpão com 16 pessoas, sem sequer um banheiro individual.

Mudei minha empresa para um *coworking*, visitei ecovilas, aldeias e comecei a monitorar os novos movimentos do mercado que propunham ofertas e serviços baseados no conceito de compartilhamento.

Nesse mesmo momento, iniciativas coletivas explodiram no mundo inteiro como Uber, AirBnB, empresas de financiamentos coletivos, mais *coworkings*, formação de grupo de compras coletivas entre outras expressões de colaboração que foram ganhando visibilidade em todos os lugares.

Para repensar uma nova experiência de estilo de vida, o conceito de compartilhamento foi uma chave importante para mim. Descobri que compartilhar era apenas o ponto de partida para reaprender a relacionar-se.

Aqui, um novo mundo se abria para mim. Fiz uma rede incrível e extensa de amigos. Conheci pessoas que tinham necessidades parecidas com as minhas, viajei em grupos, dividi apartamentos quando estava viajando, aprendi o valor incomensurável de uma rede potente de troca.

Muitas de minhas iniciativas que antes eram individuais se tornaram maiores e cada vez alcançavam mais pessoas. Todos os projetos que planejava, desde viajar, a fazer algum curso e experienciar algo novo passaram a ser compartilhados com meu grupo de amigos para que pudessem ser realizados por mais de uma pessoa.

Aprendi a ter que tomar decisões através do coletivo e que uma simples ação minha poderia ter um impacto tremendo na vida de outras pessoas. Aprendi que nem sempre a democracia era o melhor caminho de solução.

Descobri o que significava sociocracia na prática. O que, às vezes, era ótimo para a maioria, era tremendamente difícil para um indivíduo, e quando o cenário de apenas um for perturbador e de dor, ele pode e deve ser evitado.

Vendi meu carro, aluguei meu apartamento e decidi junto com um grupo de amigos fundar um *coliving* urbano no coração do Rio de Janeiro, em Copacabana.

Para quem não sabe, *coliving* é um conceito próximo ao *coworking*, que incentiva o convívio e a troca de experiências com outros moradores. A ideia vem do *cohousing* dinamarquês dos anos 60, que se popularizou nos Estados Unidos, Canadá e Europa. A proposta é ter apenas seu quarto privativo e compartilhar as outras áreas da casa.

Essa foi uma decisão muito importante em minha vida e que me ajudou muito a entender o valor de compartilhar e colaborar. Aprendi que não preciso de uma casa grande só para mim, fiz do meu quarto meu universo particular onde minha privacidade é totalmente respeitada e tenho a honra de ter amigos incríveis para compartilhar cafés da manhã, filmes no sofá, conversas fiadas na janela de casa.

Por ser um apartamento no coração do Rio de Janeiro, criamos um conceito que privilegia o valor das conexões. Recebemos pessoas do mundo inteiro com o desejo de entender melhor nosso estilo de vida.

Criamos o manifesto de nossa própria casa, a **Amorada**.

Somos uma morada.
A morada de cada um e de todos.

Reunimos histórias, sotaques e visões de mundo.
Mudamos como o fluxo da vida.

Os que vêm, os que vão, como as estações do ano
que mudam os habitantes dos bosques, das praias.

Somos uma casa, mas não estamos só casados.
Estamos também amigados, às vezes apaixonados,
às vezes só acompanhados ou engraçados.

Aqui tentamos não julgar, aqui vivemos a legítima
liberdade de expressão.

Somos responsáveis pelo que trazemos para
dentro de nossa casa, e também, aquilo que sai dela.
Cada pessoa, cada coisa.
Deixamos nossos pares de sapatos logo na entrada,
apenas para lembrar que de vez em quando é bom
calçar um outro par, qualquer outro,
para sentir-nos melhor.

Se cada um de nós é singular,
aprendemos a viver no plural.

Tornei-me realmente amiga de pessoas com a metade de minha idade, assim como, daqueles com o dobro da minha. Aprendi que viver entre os iguais é muito positivo, mas conviver com as diferenças de realidade e de vida é ainda muito mais potente.

A grande mudança que marca meu estilo de vida não está apenas no valor que dou para as coisas, embora rever minha relação com o consumo seja um ponto fundamental e tema de nosso capítulo seguinte.

A grande mudança que marca meu estilo de vida é reconhecer a clássica frase de um amigo que diz "quem tem amigos, tem tudo".

DINHEIRO
a decadência do "consumismo"

SE TEM UMA COISA QUE TENHO MUITA VONTADE de compartilhar sobre meus dois anos viajando com uma mochila de apenas 13 quilos nas costas, é que, diferentemente do que meus amigos haviam me perguntado – se eu tinha ficado rica – foi exatamente o contrário. Esses dois anos foram o período em que mais economizei dinheiro em toda minha vida.

Decidi viajar por vários lugares do mundo. Iniciei pela Ásia: Tailândia, Laos, Vietnã, Índia, Caxemira, Nepal, Indonésia, Austrália e Turquia. Resolvi explorar também a Europa, começando pela Inglaterra, depois Holanda, França, Portugal, Alemanha, Luxemburgo, Itália e Espanha.

Combinei com meu sócio de me manter trabalhando mais focada nos processos de análise de pesquisa, então, mantive meu salário integral. O mesmo valor que eu recebia antes.

Obviamente existem muitos estilos de se viajar – você pode torrar todo seu dinheiro, sem dúvida nenhuma, e voltar para sua casa devendo todos os cartões de crédito – ou você pode repensar sua forma de se relacionar com o consumo.

Eu queria fazer diferente e, de fato, minha maneira de consumir mudou drasticamente sendo que muitas de minhas mudanças eu tenho o prazer de manter até hoje, até porque, repensar nossa relação com o consumo e poder guardar dinheiro é muito interessante, prazeroso e nos dá uma sensação incrível de independência.

O principal ponto de partida para essa transição foi rever minha relação com o acúmulo.

Antes de começar a viajar – nunca tinha feito uma viagem para tão longe, comecei a assistir a vídeos sobre como viajar o mundo sozinha. Não era uma expert em viagens pelo mundo e não tinha o inglês afiado, tratava-se de um desafio duplo.

Um dos vídeos que mais tinha chamado minha atenção era sobre como preparar a mochila de viagem (pela primeira vez, precisei avaliar cada item que tinha, pois não existe espaço para acúmulo quando se viaja com uma mochila nas costas). Uma chamada me marcou muito na época, dizia algo assim: "Vida de *traveler*: viajar pesado demais é muito cafona, você sempre fica para trás... Como montar sua mochila leve e precisa".

Nem preciso dizer que amei essa chamada. Nossa, ficar cafona na viagem era tudo que eu não queria. Fiquei obcecada nesse período com os temas "menos é mais", como organizar seu "armário cápsula", "viva com menos e mais feliz".

Foi nesse momento que vivi minha primeira experiência dolorosa de conscientização em relação ao consumo: fui organizar minhas coisas antes de viajar, pois pretendia alugar meu apartamento mobiliado durante esse período e precisei rever tudo o que tinha dentro.

Fui tirando tudo o que tinha dos armários, gavetas e espacinhos de guardar coisas, em um apartamento de 100 metros quadrados e revisar o que realmente tinha sentido no estilo Marie Kondo (e olha que nem a conhecia na época, mas reproduzi a proposta de olhar para cada coisa que eu tinha e pensar se aquilo me trazia algum tipo de felicidade assim como ela usa em seu método de organização mundialmente famoso).

Não preciso nem contar o que aconteceu: entulhei mais de três carros grandes até o teto de coisas que não faziam mais sentido para doação: muitos sapatos que nunca foram usados, muitos vestidos, blusas, calças, casacos que estavam com etiqueta. Coisas de cozinha, lençóis, toalhas, produtos de beleza, (cheguei até a sentir vergonha de como consegui acumular tanto produto para cabelo, pele, hidratante... Socorro!), equipamentos de esporte que tinha parado de fazer, bibelôs de viagem (só para deixar claro que todos eram de muito bom gosto). Ou seja, me dei conta ali de que era uma acumuladora.

Confesso que senti dor (física mesmo, dor no peito, uma espécie de aperto): por que comprei aquilo tudo? Considerando que morava apenas eu e o Gabriel (meu filho). Não tive nem desculpas, comprei tudo sozinha... Naquele dia, eu chorei e pensei naquela frase clássica: "o que eu estava fazendo da minha vida?".

Nesse mesmo período, já que nada é por acaso, circulou na internet um vídeo famoso do Mujica sobre "como você quer gastar seu tempo de vida?" do Projeto *Human*, que acabou por me conscientizar e ajudar a traduzir a dor que senti por ter me tornado uma consumidora inconsciente, e nem me considerava uma consumista quando me comparava a algumas amigas, que realmente eram viciadas em consumir.

> Inventamos uma montanha de consumo supérfluo. Compra-se e descarta-se. Mas o que se gasta é tempo de vida. Quando compramos algo, não pagamos com dinheiro, pagamos com o tempo de vida que tivemos que gastar para ter aquele dinheiro. Mas tem um detalhe: tudo se compra, menos a vida (trecho do vídeo do Mujica).

Confesso que toda vez que vejo esse vídeo fico sem fala.

A parte boa é que quando se viaja sozinha você tem muito tempo para refletir, e eu, como uma profissional que estuda comportamento de consumo fazia mais de 20 anos, precisei dar bastante atenção a esse tema.

Pensei profundamente sobre o que queria mudar em minha relação com o consumo e muitas coisas foram se transformando:

Descartei completamente a compra de supérfluos, passando a não ter mais espaço para compra que não tenha nenhuma utilidade naquele momento: nada de bibelôs, nada de peças lindas da Tailândia, Índia, Indonésia e Turquia. Afinal, eu sequer sabia onde ia morar depois...

Nada de *fast fashion*: tive que virar uma ninja para escolher peças de vestuário que fossem bonitas, versáteis e de qualidade (não dá para ficar repondo peças boas na mochila a cada momento).

Usei tênis até furar a sola, *leggings* rasgaram entre as pernas e foram costuradas algumas vezes, meu minikit de costura passou a ser item essencial na mochila, mandei cerzir uma calça e uma jaqueta jeans mais de duas vezes e as tenho até hoje.

Brincos, anéis e cordões eram apenas os de uso do momento. Quando se perde um, repõe-se apenas o que foi perdido. Não existe reserva e nem opção de escolha (ainda mantenho esse hábito).

O sentimento é maravilhoso, diferentemente do que as pessoas imaginam, me sinto sempre bem vestida, pois uso sempre o que mais amo: a calça que mais veste bem, a blusa que tem o melhor caimento, o tênis que eu mais gosto.

Lembro de ter usado peças até o final, apenas quando eu estava na escola.

Evitei restaurantes caros e aprendi a curtir o conceito de *street food*. Óbvio que jantei em lugares especiais quando tinha uma ocasião relevante: aniversário, uma experiência que valesse a pena, um encontro especial, mas percebi que tinha banalizado a experiência de comer fora e transformado em um hábito cotidiano extremamente caro e desnecessário.

Passei a cozinhar durante as viagens. Fiz workshops sobre cozinha local na Índia, na Tailândia, no Vietnam, em Paris... Incorporei esses aprendizados em meu dia a dia e atualmente cozinho com muito mais frequência.

Amo comer minha comida.

Em relação à hospedagem, optei por *hostels* no estilo mais boutique (eram muito mais baratos que hotéis, mas eram excelentes: sempre novos, limpos, organizados) e por *guesthouses* para ficar mais tempo.

Aprendi que ficar pelo menos um mês em cada lugar era fundamental, você passava a negociar tudo mensalmente: aluguel, ioga, o chip do telefone, algum curso local... Passei a usar apenas WhatsApp e as redes sociais e aboli as ligações via número de celular.

Para trabalhar, fazia a seguinte busca na internet *"the best places to work remotely in this city"* (os melhores lugares para trabalhar remotamente nesta cidade): nessas dicas eram considerados o ambiente, a qualidade da internet, o café, o preço médio das coisas. Fazia um roteiro para conhecer diversos bairros daquela cidade e ia visitando coisas interessantes ao redor. Faço isso até hoje e considero uma das melhores formas de trabalhar e viajar.

Evitei os programas mais turísticos de cada lugar e as atividades pagas. Aprendi a pesquisar em cada cidade que visitei o que chamam de circuito alternativo. Andei tanto a pé que se somar nesses 2 anos os quilômetros que caminhei devo ter atravessado Rio e São Paulo e talvez chegado a Recife.

Nunca mais vou viajar de outra forma, e sim, vou reavaliar, sempre que posso, meus hábitos de consumo. O resultado dessa experiência em minha vida foi uma reserva financeira que nunca tinha feito antes.

Cheguei à conclusão que ao morar na zona Sul do Rio de Janeiro, ter carro, empregada, estilo de vida mais consumista e hábitos de lazer caros, se gasta muito mais do que viajar o mundo e conhecer novas culturas.

Fica a dica.

Comportamento de consumo é um tema extremamente relevante nos dias de hoje. Tirando exceções de comunidades extremamente alternativas que vivem de escambo (na verdade, sei que existem poucas, aquelas nativas que ainda não foram alcançadas pela vida moderna, mas nunca estive em uma), o ato de comprar é condicional de uma sociedade capitalista. Usamos a moeda como um recurso para obter aquilo de que precisamos.

O problema é que nos distanciamos da ideia de consumir apenas o que precisamos (alimento, abrigo, vestimenta) e construímos uma cultura em torno do consumo.

A compulsão pelo ato de comprar é, a meu ver, um dos maiores problemas da atualidade. Desde que me entendo por gente, percebo que faço parte de uma geração que podemos chamar de "geração dos excessos".

Sou de uma família de classe média da zona norte do Rio de Janeiro, e desde adolescente, tenho memória da casa de meus pais e avós sempre com coisas acumuladas (sabe aquele quartinho onde se guarda tudo que não se usa? Pois é, estava sempre cheio...).

Essa percepção de excesso também esteve sempre presente em meu trabalho de campo – muitas de minhas pesquisas acontecem na casa dos participantes, técnica que se chama *home visit*, (inspirada na observação participante dos processos etnográficos) em que reconhecer o habitat do outro é fundamental para o processo de análise. Fiz visitas a casa de pessoas de todo o Brasil e também da América Latina. Conheci casas de luxo e casas em favelas no Rio, São Paulo, Recife, Fortaleza, Salvador, e também visitei consumidores, que nós aqui consideramos classe C, em Buenos Aires, Bogotá, Cidade do México e La Paz.

Tirando o grupo de indivíduos que pertenciam à classe D (que realmente estavam na linha da miséria), em toda a casa que visitei existiam itens acumulados, guardados, quebrados ou em desuso.

Quando questionados sobre consumir, era consenso, que além de necessário, o ato de consumir também era prazeroso já que libera uma boa dose de dopamina, a famosa substância química de prazer e bem-estar. Contar uma história sobre comprar algo que se deseja sempre vem repleta de emoções positivas relacionadas a essa conquista.

Matéria na revista Galileu[2], em 2017, apresentou o resultado de alguns pesquisadores britânicos da Neuroco, uma empresa de neuromarketing, que monitoraram os impulsos nervosos de voluntários durante um passeio no shopping. E, sem surpresas, quando essas pessoas compravam algo, o sistema dopaminérgico brilhava muito mais:

> A hipótese dos cientistas é que nosso organismo guarda resquícios da memória de uma época de vacas magras, quando o ser humano dependia da caça e da coleta. Sem um supermercado repleto de produtos nas prateleiras, aqueles tempos ensinaram ao nosso corpo que o melhor a fazer é consumir e acumular uma reserva de gordura para os dias difíceis — nunca se sabia quando aqueles recursos estariam à disposição novamente.

E essa regra parece influenciar nosso comportamento até hoje.

Embora a maioria dos estudos relacione o consumismo (ato de comprar, ressaltando a ausência da necessidade) à era da revolução industrial onde os processos de produção e circulação de bens acumulados foram agilizados, Yuval Noah Harari traz uma reflexão em seu livro *Sapiens – Uma breve história da humanidade* que mostra que nossos impulsos de acumulação podem estar presentes em nosso DNA desde os tempos da revolução agrícola.

Harari explora o período do nascimento da agricultura, que começou há cerca de 10 mil anos. Em torno de 9500 a 8500 a.C., os humanos começaram a semear plantas comestíveis e a domesticar os animais.

Naquele exato momento, fizemos uma mudança radical em nosso estilo de vida, deixando de ser animais coletores e nos tornando produtores. Nesse sentido, incorporamos a nosso estilo de vida mais trabalho, estresse e passamos a ter a necessidade de estoque.

O armazenamento dos alimentos carrega consigo o sentimento de angústia, do medo da escassez, alterando completamente o estilo de vida anterior.

Aliada aos sentimentos de escassez e necessidade de estoque, quando realmente precisávamos contar com a reserva para a sobrevivência, muitos estudiosos apontam a importância da publicidade na construção da obsessão pelo ato de comprar.

Sentimentos positivos e códigos de valor como felicidade, riqueza, sucesso ajudaram a associar que pessoas que tinham maior poder de compra eram consideradas melhores que pessoas com menor poder de compra.

O modelo meritocrático acaba por reforçar que os indivíduos com maior potencial de consumo parecem ser indivíduos mais felizes.

Em 2009, passei um ano testando campanhas de marketing para a Coca-Cola onde o slogan que marcou o período era *Open Happiness* ("abra a felicidade"), tentando associar momentos felizes do dia a dia aos em que se consome uma Coca-Cola. Vale ressaltar que as pessoas incorporam a mensagem. Elas de fato, sentiam aquilo.

O resultado final de toda essa história do "consumismo", que em muitos casos já é considerado uma doença, é um gatilho muito difícil de desarmar: o consumo como ferramenta de compensação.

Quebrar esse padrão é um passo importante. Redesenhar sua relação com o consumo pode ser um presente para sua vida, desassociando emoções positivas do ato de consumir sem propósito.

A abordagem do consumo consciente, e outras correntes como o minimalismo, o *extreme minimalism* (minimalismo extremo), o *low consumerism* (baixo consumo) e muitos outros movimentos estão sendo cada vez mais disseminados nos convidando a questionar nossa relação com o que compramos, e consequentemente, nos ajudando a rever nossa relação com o trabalho, o tempo e o dinheiro.

Falar de consumo consciente é levar consciência literalmente para o processo de consumir, e de fato, há várias esferas em que é preciso pensar quando se refere a esse simples ato tão comum de nosso dia a dia.

Para mim, um dos pontos principais que precisa ser reavaliado é a motivação: por que estamos consumindo? A maioria de nós acredita que ter coisas é o que faz de cada um uma pessoa de sucesso. Ainda acreditamos que o que temos é o que nos define perante nosso grupo. Eu sei, provavelmente você vai dizer que não sente isso, que você é diferente, mas na verdade, esse é um conceito muito arraigado em nossa cultura. Todos nós de alguma forma, sentimos isso. É o modelo americano de *winner* (vencedor) e *loser* (perdedor) de que pouca gente fala, mas muita gente sente.

Lembro de um projeto de pesquisa que estava fazendo sobre a maternidade na classe C. Passei três meses em campo para entender sentimentos associados ao que é ser mãe, e uma citação de uma mãe de dois filhos, solteira, doméstica, me marcou demais:

> É muito duro quando não tenho nada de beber para servir aos meus filhos no almoço, qualquer coisa serve, Tang, *refrigereco*, qualquer coisa menos água... Me sinto uma mãe ruim quando não consigo comprar algo colorido e doce para colocar na mesa.

Ou seja, aquela mãe se qualificava como boa ou ruim pelo simples fato de ter dinheiro ou não para servir um suco na mesa.

Talvez, esse seja o ponto mais sensível para virar a chave de um consumo mais consciente: nós não somos aquilo que temos ou não temos.

Em algumas entrevistas, nos últimos anos, já é possível ver pessoas refletindo sobre esse propósito. E as pessoas que encontram, de alguma forma, um pilar de pensamento para suportar determinadas mudanças de comportamento parecem conseguir consolidar tais mudanças.

O ponto de partida global para essa discussão é que vamos esgotar rapidamente nossas fontes de recursos. Somos inimigos da natureza, extraímos em uma velocidade exponencial sem retribuir ao meio, e assim, vamos esgotar nossos recursos. É preciso uma mudança radical de *mindset* (padrão mental) para mudar essa relação de produzir sem avaliar as consequências.

Talvez você pense que é pequeno demais para resolver um problema tão grande e tão complexo que acaba não se envolvendo, e como consequência, se torna parte dele. Mas você também pode aproveitar para se tornar parte de um grupo que já começa a fazer pequenas ou grandes mudanças em seu estilo de vida num movimento de conscientização coletiva.

E mais uma vez, o ponto de partida se inicia na motivação. Quais são os critérios que definimos para fazermos nossas escolhas?

Ao longo desses anos analisando comportamentos de consumo, durante as pesquisas, sempre foram aprofundados os critérios de escolha de uma compra – muitas vezes esse processo era até óbvio – percepção de qualidade, marca, preço, acessibilidade eram os motivos mais comuns que surgiam como justificativa para a escolha de determinados produtos.

Com a expansão da internet, começaram a surgir discussões mais diversificadas na hora de escolher um produto: origem, reputação da empresa, postura com os empregados, análise de cadeia produtiva, entre outros. É claro que esse movimento é ainda mais tímido quando falamos de consumo de massa, mas pode começar a ser integrado em pequenos hábitos em sua rotina.

Já existem teorias mais avançadas ao redor desse tema e uma das coisas que vem sendo cada vez mais estudada é a economia circular. Trata-se de uma mudança em toda a maneira de consumir, do design dos produtos até nossa relação com as matérias-primas e resíduos sempre suportados por um processo mais equilibrado e mais harmônico. E dentro da economia circular você também pode se aprofundar em outros conceitos que vêm sendo incorporados a ela.

Design regenerativo (metodologia de gestão orientada pela visão sistêmica da vida), economia de performance (idealizada por Walter Stahel em 1976, fala da visão de uma economia em ciclos), ecologia industrial (ramo das ciências ambientais que visa analisar o sistema industrial de modo integrado), biomimética (que tem como princípio utilizar a natureza como exemplo e fonte de inspiração), *Blue Economy* (modelo criado pelo belga Günter Pauli que propõe mudanças na economia, cujo ideal é transformar problemas em oportunidades) são exemplos já difundidos sobre propostas de modelos mais regenerativos e sustentáveis.

Consegui incorporar alguns hábitos diferentes em meu dia a dia: dei muito mais atenção ao mercado de produtores locais e com abordagens mais conscientes, me distanciei completamente do *fast fashion*, elegi duas ou três marcas que gosto para comprar e frequento muito mais brechós do que antigamente.

Adoro conhecer produtos naturais de beleza, sigo blogueiras que fazem maquiagens e perfumes naturais, troquei o desodorante por pedra de sal, abandonei os condicionadores e uso shampoos, pasta de dente e sabonetes naturais (ou pelo menos com apelos mais naturais), mas ainda sou dependente da indústria da beleza (e tudo bem!): pinto meu cabelo, faço depilação, pinto as unhas quando sinto vontade.

Não preciso nem dizer o tamanho da economia que fiz abandonando compras absurdas em lojas de grife, farmácias e *free shoppings*. É bem surreal.

Pensando em futuros possíveis, o tema de novas formas de consumir ainda tem muito o que se transformar. Já existem iniciativas em outros lugares do mundo que nos mostram que essa transformação está apenas começando, mas se nós considerarmos que em breve estaremos consumindo de forma cada vez mais sustentável, você conseguiria se imaginar:

alugando o enxoval de bebê do seu filho? – Uma empresa alemã aluga um kit completo de tudo o que você precisa fazendo a troca a cada três meses. Todo material é esterilizado para a próxima pessoa que for reutilizá-lo).

dirigindo carros alugados através de um app? – Alguns países como Austrália e Nova Zelândia já dispõem de um serviço de locação de carros (inclusive de luxo) que você pode encontrar estacionados em diferentes pontos através do aplicativo. Você aluga o que estiver disponível e paga apenas o período de utilização.

vestindo um casaco produzido por material reciclável de pipas de *Kite Surf*? A marca brasileira Kitecoat desenvolve casacos a partir do *nylon* e de todos os aviamentos que são integralmente retirados de um *kite* que provavelmente iria para o lixo.

alugando a bolsa de uma marca de luxo? – para quem flerta com esse mercado, foi lançado no Brasil, em 2017, um aplicativo com uma proposta de prática sustentável, que permite alugar regularmente bolsas de luxo.

assinando um serviço de guarda-roupa compartilhado? – Aplicativos de compartilhamento de roupa já se fortalecem com a proposta de uma assinatura mensal para retirar roupas emprestadas de forma semanal, quinzenal ou mensal.

No fundo, viver com menos não é uma ideia nova. Esses movimentos de viver com pouco e sem excesso sempre tiveram presentes ao longo da história da humanidade, nos discursos religiosos, nos ideais de modelos políticos como o próprio comunismo.

A noção de excesso e desconexão com nossas escolhas estão presentes em diversas abordagens do século XXI. Assim, como precisamos repensar nossa relação com o consumo, também precisamos repensar a maneira e as motivações de como consumimos nossos alimentos.

Você tem ideia do que é uma alimentação ideal e o que realmente precisamos para estar bem alimentados?

Essa é uma discussão primordial se quisermos realmente trazer consciência para nossa forma de atuar considerando o que é melhor para nosso corpo e também para o planeta.

---

2 Disponível em: https://revistagalileu.globo.com/Revista/noticia/2017/08/tudo-que-voce-precisa-e-menos.html

ALIMENTAÇÃO
provavelmente você está sendo enganado

VOCÊ SABIA QUE A ORGANIZAÇÃO MUNDIAL DE SAÚDE (WHO) classifica carne processada como alimento cancerígeno do grupo um? E carne vermelha como cancerígeno do grupo dois?

No mesmo grupo um, estão os cigarros, amianto e plutônio (elemento químico radioativo). Ou seja, comer bacon, presunto, salsicha, salame, linguiça, pepperoni, mortadela, blanquet de peru tem o mesmo risco que fumar um cigarro ou estar exposto a material radioativo.

Você sabia que a recomendação da Organização Mundial da Saúde em relação ao consumo de açúcar é de até 25 gramas diários e que o brasileiro consome em média três vezes a quantidade ideal recomendada?

Uma colher de ketchup, por exemplo, tem o equivalente a quatro gramas de açúcar, e uma lata de refrigerante comum tem até 40 gramas de açúcar. Ou seja, poderíamos beber metade de uma lata ou seis colheres de chá de ketchup por dia e não fazer mais nenhuma ingestão de açúcar.

Alguém já mencionou para você que, atualmente, 65% dos alimentos industrializados brasileiros têm adição de açúcar? (Pesquisa realizada pela UFSC, em parceria com pesquisadores do The George Institute for Global Health, divulgado em 2021 pela revista Food Research International). Ou seja, o açúcar está escondido em grande parte do que a gente consome.

Você sabia que o consumo de açúcar aumentou exponencialmente no Brasil? Na década de 1930, tínhamos um consumo médio anual de 15 quilos por habitante e em 1990 esse índice registrava o crescimento de 50 quilos anuais por habitante (dados da Ageitec – Agência Embrapa de Informação tecnológica). Alguém já conversou com você sobre os riscos dos alimentos industrializados? Para alguns especialistas, por serem produtos com rótulo nem são considerados um alimento, e sim, um gênero alimentício que, de alguma forma, foi industrializado, contendo conservantes e espessantes, combinação que resulta em falta de nutrientes e que inflama e adoece o organismo.

Embora essas informações já estejam disponíveis há anos através de estudos científicos publicados em todo o mundo, a pergunta que fica e que não quer calar é: por que nós não estamos sendo alertados desse risco?

Por que nós e nossos filhos estamos sendo bombardeados todos os dias de comunicação e mensagens que estimulam o consumo desses produtos associados a experiências de vida prazerosa e aspiracional?

Por que não existe alerta para o consumo de carne ou de açúcar como existe para o cigarro?

O que está de tão errado por trás da motivação das indústrias alimentícias que nos sugerem consumir sem equilíbrio esses produtos mesmo sabendo que o excesso pode causar danos irreversíveis a nossa saúde?

Ao longo de toda minha vida sempre achei que tinha uma boa alimentação: buscava consumir produtos de qualidade e entendia que qualidade se dava a partir das mensagens que aprendi na TV e nos pontos de venda (supermercado, padarias, mercearias): produtos bem selecionados, lavados, produzidos através dos códigos de segurança e higiene, que eram ricos em vitaminas e tinham baixo índice de gordura e açúcar.

Privilegiava as marcas que via na televisão, inclusive gastava mais dinheiro para dar preferência a essas marcas e produtos que pareciam me prover de mais qualidade, e consequentemente, mais saúde. Marcas de grandes indústrias que se comunicavam comigo através de uma propaganda que inspira um estilo de vida coerente com meus valores: amigos, família, alegria e bem-estar.

Aparentemente estava tudo certo, mas tinha uma coisa que não estava batendo: comecei a ter problemas de saúde, de digestão, de aumento de peso, problemas de pele, prisão de ventre severa, inchaço, dores de cabeça e enxaquecas recorrentes, e mesmo com um estilo de vida que envolvia atividade física e movimento, estava com uma qualidade de sono ruim e me sentia bastante ansiosa e angustiada.

Comecei a procurar médicos que tentassem me ajudar com os sintomas que começaram a aparecer e embora ninguém pudesse me apontar a causa, todos me receitaram medicamentos. Em pouco tempo já estava dependente de uma série de remédios que tentavam me auxiliar nas disfunções misteriosas que eu estava apresentando, mesmo parecendo ter uma boa alimentação.

A causa desses problemas nunca foi uma questão para a medicina alopática que conhecia. As conversas eram sempre voltadas para o tratamento, e nunca, para a raiz do problema. Eu me vi presa nessa armadilha por pelo menos 15 anos consecutivos, investindo cada vez mais no que eu entendia que era uma boa alimentação e pagando pequenas fortunas em médicos e medicamentos que tentavam me auxiliar nos problemas que meu corpo vinha apresentando numa idade extremamente jovem (pasmem, eu não tinha nem 30 anos).

Sou muito grata de ter tido a chance de acessar informações importantes que mudaram o rumo de minha rotina, de minha alimentação e de meu estilo de vida, tendo tido a oportunidade de mudar por completo meu conceito do que é qualidade de alimentação, a forma e local onde busco meus alimentos, assim como, minha relação com a medicina moderna e o papel da mesma em minha vida.

No entanto, confesso que fiquei muito surpreendida com o desserviço das grandes corporações e do governo em relação à forma como somos manipulados para sermos bons consumidores, independente do estrago que isso pode causar em níveis individuais e em uma sociedade como um todo.

Hoje, tenho certeza de que grande parte de meus transtornos de saúde foram causados por minha alimentação. A verdade é que o excesso de comida e as escolhas inconscientes estão matando mais nos últimos anos do que a falta dela.

Mesmo nosso corpo sendo uma fortaleza para nos permitir viver situações extremas de fome, stress, dificuldades das mais variadas possíveis, ele não é preparado para lidar com o excesso de descuido diário e contínuo. Os resultados desse comportamento inconsciente, que está se tornando uma das piores realidades que teremos que lidar daqui para frente, são terríveis:

- Atualmente nos Estados Unidos, 40% dos adultos e 20% das crianças são obesas (dados de 2018 da *Trust for Health*).
- Um estudo liderado pela Escola de Saúde Pública de Harvard aponta que a obesidade atingirá 50% dos americanos em 2030 (pesquisa publicada no *New England Journal of Medicine*).
- A proporção de obesos na população do Brasil com mais de 20 anos de idade mais que dobrou entre 2003 e 2019 (passou de 12,2% para 26,8%).

Segundo o Dr. Robert Ratner (*American Diabetes Association*), "em nível mundial, existem pelo menos 315 milhões de pessoas com diabetes. Não há dúvidas de que estamos em meio a uma epidemia".

E o médico complementa: "nos próximos 25 anos, um em cada três americanos terá diabetes."

Ou seja, não é tão complexo reconhecer que a forma como nos alimentamos é o que vem nos matando mais do que qualquer outra causa. E nesse sentido, é muito importante entender bem o impacto de nossas escolhas alimentares tanto para nosso corpo quanto para o coletivo e para a natureza.

A cada refeição, temos uma possibilidade de mudar o mundo. E não é só o nosso próprio corpo o grande prejudicado de nossas escolhas erradas. O que escolhemos colocar no prato tem um impacto imenso em diversas esferas de nossa sociedade e é preciso olhar para isso com muito mais cuidado do que em qualquer outro momento da humanidade.

Alimentar-se sob uma nova perspectiva é um ponto crucial para quem deseja vivenciar um novo mundo. Olhar para o processo de produção e para os comportamentos das grandes corporações e do governo torna-se um ato fundamental para entender que nossas mudanças podem mover um sistema que não funciona.

Mudança de perspectiva: alimentar-se torna-se um ato político

Nos últimos 20 anos, cerca de 50.000 orangotangos foram mortos na Ásia nas regiões da Ilha da Sumatra e Bornéu durante queimadas na floresta nativa para abrir espaço para a plantação de óleo de palma.

Estima-se que até o ano de 2033, os orangotangos estejam extintos devido à total destruição de seu habitat natural.

Por ser um produto versátil, de sabor neutro e de baixo custo, o óleo de palma é usado com muita frequência na indústria alimentícia na produção de chocolates, biscoitos, salgadinhos, margarina e também na indústria de cosméticos sendo usado com frequência na fabricação de cremes, sabonetes e detergentes destinados à higiene pessoal.

Para que você possa encontrar produtos a base de óleo de palma com preço acessível no mercado, mais de dois milhões de hectares de mata foram incendiados pelos plantadores nos últimos anos, e hoje, esse plantio é considerado uma ameaça ambiental extremamente preocupante.

Já a América do Sul vem sofrendo violentamente com o plantio da soja, onde o crescimento do consumo dos últimos anos vem nos custando uma onda de desmatamento nos países da América do Sul.

Na região da Amazônia brasileira, cerca de 720 mil quilômetros quadrados de floresta tropical foram derrubados, segundo dados do Instituto Brasileiro de Pesquisas Espaciais (Inpe, 2020).

Grande parte desse produto sequer acaba em nosso prato, muitas vezes viram ração para nossos animais de estimação e alimentam mercados como a União Europeia e China.

Não é só nosso corpo que vem sofrendo com nossas escolhas erradas na hora de nos alimentarmos. Sem uma análise sobre o ciclo de produção de diversos alimentos, acreditamos estar escolhendo produtos que não tenham impacto no meio ambiente, mas na verdade, eles são tão danosos quanto o consumo de carne animal.

Além de nosso corpo e de nossa natureza, alimentar-se também envolve outras pessoas. Existe um grupo de profissionais que trabalha desde a plantação, a colheita, a produção, o embalo, o transporte e o ponto de venda para que nosso alimento esteja acessível a todo momento.

Entretanto, por estarmos muito distantes e desconectados dos processos de produção que envolvem o que colocamos dentro de nosso corpo, sequer sabemos as condições em que essas pessoas trabalham.

Não é incomum ouvir notícias como a que foi publicada em 2018 no site Repórter Brasil:

> Condições de trabalho nos cafezais são as piores dos últimos 15 anos - Mais de 200 trabalhadores foram encontrados em condições análogas à de escravos pelo Ministério do Trabalho nas fazendas de café. Impressão é a de que nada mudou na cadeia produtiva.

É fundamental uma postura mais ativa em relação à condição dos profissionais que trabalham servindo quem consome da indústria, mas também repensar o conceito da compra mais conveniente ganhando mais envolvimento com cada alimento que se consome é um bom caminho para se reconectar com sua alimentação.

Claro que essa mudança não acontece de uma vez. Em meu dia a dia, consegui incorporar alguns novos hábitos: encomendo cesta de orgânicos, frequento mais feiras, busco por produtores locais nas redes sociais, cozinho meu alimento com mais frequência, compro produtos de pequenos agricultores para ajudar a suportar negócios menores: mel, pão, bolo, café, queijo, ovos e cúrcuma são alguns exemplos, mas claro que, quando estou com menos tempo e menos recurso não consigo fazer isso de forma tão eficiente quando eu desejaria.

Não é novidade que nossa alimentação deve ser sustentável e saudável, mas é fundamental trazer consciência que para que isso aconteça, deve ser bom para tudo e para todos.

Reconectar-nos com nossa alimentação é voltar nossa atenção para aquilo que de fato é fundamental: nosso corpo, nossa terra e o outro.

O aprendizado empírico: ayurveda

Se tem uma coisa de que me orgulho foi de ter conhecido e mergulhado nos conhecimentos ancestrais da medicina ayurvédica.

Em 2016, pude estudar na Índia os princípios dessa cultura milenar que me ajudou profundamente a mudar minha relação com a alimentação, meu estilo de vida e minha relação com a indústria.

Foi através desse mergulho que me dei conta de que grande parte dos incômodos de saúde que estava vivendo foram causados por meu estilo de vida e alimentação, mas também pude reconhecer o quanto estava desconectada de meu corpo e das experiências que tinha com cada alimento que ingeria.

O ayurveda é um termo que vem do sânscrito e significa "ciência da vida". É o mais antigo sistema de saúde de que se tem notícia e a medicina mais tradicional da Índia, que conta com cerca de cinco mil anos de história.

O ayurveda não é um sistema de conhecimento dogmático. Toda sua base de aprendizado é construída através de pesquisa empírica, suportada pela experiência e observação do corpo, reconhecendo a reação de cada alimento e suas combinações em diferentes tipos de climas e organismos.

Entender melhor a natureza dessa ciência milenar me fez fazer uma reflexão importante sobre a maneira com que me alimentava: em uma rotina corrida e atribulada respondendo o tempo todo a estímulos de uma vida moderna, constatei que não observava meu corpo quando me alimentava.

Claro que tinha uma visão mais geral de meu estado (se estava bem, ou pesada, ou inchada), mas nunca tinha parado para escutar meu corpo de verdade em relação à minha ingestão diária de alimentos.

Depois de um *detox* para começar a sentir mais meu corpo (fiz um processo de *panchakarma* que é um antigo método de limpeza e rejuvenescimento indiano com o foco de eliminar toxinas do organismo), comecei a mudar completamente minha relação com a alimentação e passei a observar como meu organismo reagia em relação a diversos alimentos que comia no meu dia a dia.

Esse pequeno trabalho de auto-observação me elucidou sobre várias questões. Sem precisar de nenhum exame nem orientação médica, me dei conta de que meu corpo não reage bem a alimentos crus em geral (aumento de ar no organismo e irritação no intestino), não se dá bem com alimentos integrais (meu processo digestivo não é tão quente e processa melhor comidas mais leves), meu corpo também não digere bem vinho tinto, mas se dá bem com destilados e cerveja (desde que eu não misture com farinha e o clima não esteja tão frio).

Esse simples exercício de observação mudou significativamente meu bem-estar, e com certeza, não servirá de exemplo para mais ninguém. Segundo minha experiência (endossada pelos aprendizados dessa medicina), não existe lista de alimentos bons e ruins. Nosso corpo é diferente e reage de forma distinta, e muito dessa sabedoria, com certeza, está dentro de nós.

Ampliar meu repertório e conhecimento sobre alimentação me fez entender melhor meu corpo, mas principalmente, a maneira como a sociedade em que estou inserida lida com esse tema tão amplo e cheio de nuances, que pode ser vivenciado através da alta generosidade ou da extrema ganância.

Esse é apenas o início do fio do novelo, e sem dúvida, ainda há muito mais para desvendar...

A ciência do jejum

Uma abordagem terapêutica ou um antigo método adotado pelas religiões, mas completamente ignorado pela ciência: o jejum.

Venhamos e convenhamos, diante de um sistema que privilegia o lucro acima de tudo, qual o interesse da indústria alimentícia ou farmacêutica de reconhecer que jejuar pode ser um processo saudável e curativo?

Na Rússia, Estados Unidos e Alemanha, os médicos e biólogos já começaram a explorar essa possibilidade há pelo menos meio século. Aqui no Brasil, esse tema ainda parece ser bem nebuloso.

Jejuei por 11 dias. Isso mesmo. Durante 264 horas bebi apenas água, chá e café. Imagino que para alguns, essa informação nem parece ser realidade, quase impossível, e por um bom tempo, também acreditei que era inviável ficar tanto tempo sem se alimentar.

Tomei a decisão de mergulhar nesse processo porque comecei a estudar os benefícios de dar um descanso para o processo digestivo do corpo, e a partir daí, me dei conta do valor que essa experiência poderia me trazer, não só do ponto de vista físico, mas também, mental e espiritual.

O ponto de partida foi começar a reconhecer que o jejum é presente no reino animal. Praticamente, todos os animais selvagens jejuam.

Depois comecei a reconhecer que o homem, antes de se organizar em sociedade territorial orientada pela agricultura, era nômade, um animal coletor que vivia frequentemente os momentos de abundância e escassez oferecidos pela natureza através das colheitas, estações e outras variáveis.

Era muito comum passar dias e noites sem encontrar alimentos, e principalmente, fazer apenas uma ou duas refeições diárias. Nada a ver com esse estilo de vida em que fazemos entre três e seis refeições diárias sem deixar nosso corpo parar de processar comida nenhum minuto sequer.

Em algumas culturais ancestrais, como as tribos indígenas e a própria ayurveda, quando se está doente é comum reduzir as refeições ou praticar o jejum para aproveitar a energia do corpo no processo de regeneração da doença e não desviá-la para a digestão.

A ideia central é de que nosso corpo precisa de muito menos do que nos é ofertado hoje, e que, de tempos em tempos, é preciso deixar nosso organismo descansar para fazer o processo de autofagia (digestão de partes da própria célula que não estão mais saudáveis favorecendo uma regeneração natural que ocorre em nível celular no corpo, reduzindo a probabilidade do surgimento de algumas doenças, além de aumentar a longevidade).

Em 2016, o cientista japonês Yoshinori Ohsumi ganhou o Prêmio Nobel de Medicina por suas descobertas sobre os mecanismos da autofagia. Tais mecanismos levaram a uma melhor compreensão de doenças como o mal de Parkinson e demência.

Para minha surpresa, os 11 dias que fiquei sem comer me deixaram muito bem disposta e com bastante energia no corpo. Diferente do que imaginei por toda minha vida, meu corpo amou ficar sem se alimentar por um tempo.

Proporcionei 11 dias de descanso, não só para o corpo, que ganhou um período de pausa e tranquilidade, mas também para a mente, que ficou mais tranquila, menos turva e mais focada.

Tive a clara sensação de que meu corpo desinflamou: tinha uma dor crônica no ombro que melhorou significativamente, perdi dez quilos, saí do jejum com muito menos desejo de consumir açúcar e farinha branca.

Durante esse período não produzi nenhum lixo para meu ambiente, nenhum mesmo. Nenhuma embalagem, caixa, plástico, resíduo, absolutamente nada, nem papel higiênico (meu intestino também descansou por esse tempo).

Ter vivido essa experiência mudou a forma de olhar o mundo, e principalmente, me ajudou a enxergar o estrago que eu estava fazendo em meu corpo, através do excesso e da inconsciência. Ao longo desse tempo, já repeti o processo de jejuar de novo. Essa será uma prática que não quero deixar de lado nunca mais.

Jejuar também pode ser um ato político. Sobretudo, uma forma de questionar o que queremos para nosso corpo. Não recomendo, porém, que ninguém faça jejum prolongado sem orientação e conhecimento do processo. Afinal, como tudo na vida, essa prática não é indicada para todos.

Repensar nossa forma mecanizada e habitual de consumir no mundo é um passo muito importante para ter uma experiência mais orientada pelos valores da nova era, e não deixa de ser um processo de reeducação.

Aliás, mergulhar fundo e questionar sobre o atual modelo de educação, seu papel na sociedade, o que e como queremos transmitir para as próximas gerações é um passo definitivo para evitar que nosso conhecimento venha "desprovido de valor e significado" e é fundamental na construção dessa jornada para um novo mundo.

EDUCAÇÃO
o trabalho está em nós

O INTERESSANTE DE COMEÇAR O PROCESSO de pesquisa e aprofundamento desse capítulo foi que toda vez que comentava que iria escrever sobre educação, as pessoas já começavam a me questionar se eu ia abordar modelos de educação, o papel da escola, a relação com os filhos.

De certa forma, nosso inconsciente já parece direcionar o termo para esse caminho de início de vida.

Revisitei diversos momentos que vivenciei com meu filho Gabriel durante seu período escolar para decidir o que gostaria de compartilhar sobre o que aprendi, e nada consistente surgia como caminho para falar de comportamentos regenerativos para desenhar uma nova era.

Assisti a vários vídeos sobre educação, a começar por excelentes documentários disponíveis como *A Educação Proibida*, produção independente lançada em 2012, que traz uma narrativa extremamente crítica da escola para construir um novo paradigma educacional; *Sementes do Nosso Quintal*, produzido em 2014, retrata o cotidiano de uma escola de educação infantil que trabalha o pensamento-em-ação de sua idealizadora Therezita Pagani; *Quando sinto que já sei*, mostra alternativas para pensar em uma educação com mais autonomia, liberdade, sem testes, nem provas e avaliações formais, entre outros materiais extremamente profundos e questionadores.

O ponto é que embora todos tenham excelentes reflexões e todas fundamentais de serem ouvidas, digeridas e repensadas, não eram exatamente a diretriz que eu estava procurando para abordar esse tema.

De repente, me deparei com o vídeo de uma pessoa que é referência para mim nos últimos anos em que venho estudando sobre mudanças de comportamento: Ana Thomaz, educadora e especialista na técnica Alexander. Ela disponibilizou um vídeo no YouTube com o título *O Trabalho está em Nós* e esse nome fez até meu coração pular de um jeito diferente dentro do peito. É isso! Esse é o ponto que quero aprofundar.

Ana é pedagoga, educadora e foi através dela que eu ouvi pela primeira vez o termo **desescolarização**.

Essa palavra tem um impacto. Como assim, desescolarizar? Tirar da escola? Não educar? Senti um desconforto imediato quando ouvi e sinto que muitas pessoas têm uma reação parecida com a minha quando ouvem o termo pela primeira vez.

Desescolarização não é um conceito centralizado na relação com a escola e nem somente com a criança, mas sim, uma proposta de "desescolarizar a escola que está dentro de nós", uma verdade pronta, inquestionável. E esse nós somos nós mesmos, os adultos, que muitas vezes, nem acreditam mais que precisam aprender. Mais uma crença que precisa ser desmanchada, a ideia de que já sabemos tudo e por isso não questionamos nada.

> É preciso desinvestir a maneira que a gente foi acostumada a pensar, que o ensino é de fora para dentro. É preciso tirar a escola da gente, mudar os paradigmas: de comparação, sobre ser referencial, sobre acúmulo de conhecimento... esses paradigmas que não são reais, que fazem parte de um sistema, mas não da vida (Ana Thomaz).

Engraçado, que nunca parei para questionar o termo educação e nem mesmo o termo aluno (tão pertencentes a nossa vida), mas quando ouço alguma coisa que não é do meu cotidiano, o corpo desorganiza, perde o prumo, muitas vezes, até gaguejo diante do novo.

A palavra educação em português, vem de educar, a origem desta, por sua vez, é do latim *educare* que é um derivado de *ex*, que significa "fora" ou "exterior" e *ducere*, que tem o significado de "guiar", "instruir", "conduzir". Ou seja, em latim, educação tem o significado literal de "guiar para fora" e pode ser entendido que se conduzia tanto para o mundo exterior quanto para fora de si mesmo[3].

Embora o termo "aluno" seja originado do latim *alumnus*, 'criança de peito, lactente, menino' e, por extensão de sentido, 'discípulo'. O verbo ao qual se liga é *alere*, 'fazer aumentar, nutrir, alimentar'". Diversos sites (respeitáveis) descrevem o termo da seguinte forma: "a palavra 'aluno' tem origem no latim, onde 'a' corresponde a 'ausente ou sem' e 'luno', que deriva da palavra 'lumni', significando 'luz'. Portanto, aluno quer dizer sem luz, sem conhecimento e é um receptáculo que precisa receber algo.

Independente do seu real significado etimológico, esse pequeno exercício de entender o termo educação e aluno nos mostra o quanto estamos distantes de compreender que o processo de vida é criador, que o corpo é fonte inata de sabedoria, que deixamos de lado nossa bagagem instintiva para se comportar como uma página em branco que precisa ser preenchida pelos conteúdos disponíveis do mundo exterior.

O ponto de luz dessa reflexão é sobre a proposta de questionar e sentir o que é melhor para cada um, sem estar suportado por crenças que, às vezes, estão tão arraigadas dentro de nós, que sequer percebemos que não fazem parte de nossa essência.

Desconstruir nossas crenças, reconhecer que somos neotênicos (o homem é o animal que estende até a idade mais avançada sua capacidade tanto de aprender, quanto de lidar com coisas novas), que nosso conhecimento também é interno e que precisamos estar em constante aprendizado é fundamental para que tenhamos coragem de transformar aquilo que, no fundo, sabemos que é apenas um condicionamento.

Esse passo nos dará a confiança para acessar nossa sabedoria interna e nos ajudará a acreditar que somos capazes de fazer coisas que nunca imaginaríamos. Mesmo sem reter conhecimento externo, intuitivamente somos excelentes arquitetos, artistas plásticos, chefes de cozinha, decoradores, guias de turismo, professores, engenheiros, mecânicos entre milhões de outras habilidades que nascem dentro de nosso ser, e, por muitas vezes, a própria crença de que o conhecimento está acima de tudo derruba a nossa capacidade de confiar.

A crença de que o valor do conhecimento externo é soberano a nosso instinto e nossa intuição é a grande mudança do paradigma da educação sobre a que precisamos refletir.

Em 2014, quando entrei em meu processo de autoconhecimento repensando sobre a maneira com a que eu estava levando minha vida, surgiu como prioridade a ideia de estudar sobre novos modelos educacionais.

Além de beber daquela nova fonte, com um filho adolescente em casa, eu de fato queria propor uma experiência de aprendizagem que fosse coerente com o processo de transformação que estava vivendo e assim me inscrevi em uma vivência de 10 dias em uma Universidade na Finlândia chamada *Team Academy* (*International School for Entrepreneurship*). O objetivo era de me aprofundar na experiência de uma escola sem salas de aula, exames, notas ou professores, mas com equipes de empreendedores e diálogo, aplicando teoria na prática e fazendo projetos reais.

Nem preciso dizer que foi uma experiência única: ver na prática o dia a dia daquela vivência, conviver com os alunos, conhecer o ambiente, os envolvidos, acompanhar os projetos *in progress* de cada time. Tive a sensação de ver materializado o conceito do desejo de qualquer aluno: muito interesse, desejo por aprendizado, todos os projetos em grupo, e, principalmente, o instinto e a intuição em primeiro plano, até mesmo para decidir que caminho aprofundar, a que tutor pedir orientação, que temas deveriam ser buscados, e, como "cereja do bolo": projetos reais, que eram apresentados para as empresas, e muitas vezes, remunerados para a construção de um fundo financeiro para os alunos que quando formados, viajavam ao redor do mundo para incrementar sua experiência de aprendizagem.

Não tenho palavras para expressar como foi viva essa experiência, deixar de falar sobre conceitos e vivenciar novas práticas educacionais foi um acelerador no processo de desescolarização em mim. Consequentemente me permitiu ousar e propor novas experiências de vida.

Foi nesse momento que tive coragem de propor uma ideia alternativa à universidade quando o Gabriel terminou o ensino médio. Usei o termo "coragem" porque quero deixar muito claro como é difícil propor alguma mudança de comportamento quando o tema é educação. Parece que se está cometendo um crime diante de seus pais, familiares, amigos e conhecidos.

Fui criticada diversas vezes por apoiar e incentivar a decisão do Gabriel de deixar para trás o curso de Design da Universidade PUC Rio para viajar um ano pelo mundo, reconhecendo novas referências estéticas, formas de viver, novas línguas e culturas.

A ideia é que ele fosse capaz de ampliar seu repertório de conhecimento visual e sensorial através de seus próprios interesses e que seu curriculum vitae fosse desenvolvido através dessa experiência.

Gabriel iniciou sua viagem pela Europa passando por Inglaterra, França e Espanha e depois seguiu para a Índia onde se formou como professor de ioga, se mudou para a Tailândia e se tornou instrutor de mergulho. Finalizou sua viagem passando pelo Vietnam, Laos e Camboja.

Essa experiência não só rendeu muitas referências e alguns projetos *freelas* de design, como uma visão de mundo um pouco mais apurada e conectada, mas é claro, ele tem muito trabalho pela frente, está aprendendo desde cedo que o "trabalho está em nós" e isso depende exclusivamente de cada um.

Essa história é apenas um exemplo e não serve como modelo já que essas experiências são sempre únicas e o que pode dar certo para um pode ser completamente negativo para outra pessoa. Porém, foi através dessa experiência que eu pude me perceber adulta e responsável por minhas atitudes. E foi nesse momento que eu constatei o sentido do processo da educação: tornar-se inteiro, maduro, se transformar em um indivíduo independente, responsável por suas escolhas, autônomo e potente.

E é para se tornar "um adulto" que precisamos nos educar.

Segundo o Dicionário Brasileiro da Língua Portuguesa Michaelis adulto é: "aquele que possui maturidade emocional e intelectual e que apresenta adequada integração social ao pensar e atuar de maneira equilibrada e sensata".

Mas por que parece que cada vez é mais difícil se tornar adulto? Por que é cada vez mais comum ver pessoas que já tem um corpo adulto agir de forma irresponsável e imatura?

Por que que para muitos é angustiante a ideia de envelhecer? Quase que um destino inaceitável?

Minissaia, jogos, skate, videogames, gírias, e muitas outras referências que antes encontrávamos apenas nos grupos adolescentes estão cada vez mais presentes na vida das pessoas com 30, 40, 50 e até nos seus 60, sendo apresentados como um código de valor.

É cada vez mais comum encontrar homens e mulheres que ainda aos 30, 40 anos moram na casa dos pais e não têm autonomia financeira e emocional para se tornarem, de fato independentes, ou até mesmo, simples adultos.

Segundo Maria Tereza Maldonado, psicóloga e autora do livro *Maturidade,*

> Nosso estilo de vida está cada vez menos restritivo. É possível não casar, não ter filhos. Essas atitudes se tornaram menos marginalizadas, mas por outro lado, geraram a cultura do transitório, do descartável, algo típico do comportamento adolescente que não se preocupa em se responsabilizar por nada.

O fato é que há uma clara valorização social no comportamento jovem e descompromissado dos adultos. É muito comum ver adultos vivendo como adolescentes, e assim, perdendo a referência do que realmente é preciso cultivar numa idade mais madura.

Essa condição pode ser visivelmente percebida quando falamos do mercado de consumo: é cada vez mais *old school* envelhecer. Somos guiados o tempo todo para parecermos mais jovens, nos vestirmos como jovens, falarmos como jovens, consumirmos e nos relacionarmos com esse espírito tido como mais leve e desprendido. Investe-se muito dinheiro para garantir uma proximidade com esse conceito de "ser jovem é que é bom", que ganhou voz nos anos 70, e que hoje é referência de qualidade de vida.

Amadurecer nos tempos modernos não parece ser fácil mesmo e essa dificuldade também pode ser justificada pelo fato de vivermos em sociedades com pouca maturidade histórica, e, nesse sentido, cultuamos símbolos e comportamentos juvenis.

O antropólogo Clotaire Rapaille nos mostra em seu livro *O Código Cultural* que as sociedades moldam de forma invisível nosso comportamento. Neste trecho a seguir, ele se refere à cultura norte-americana da qual nós brasileiros recebemos grande influência:

> Somos muito jovens. Não tão jovens quanto a cultura canadense ou a cultura sul-africana certamente, mas definitivamente mais jovens que os britânicos ou japoneses. Estamos, na verdade, no auge da adolescência – e essa metáfora se estende além de nossa idade relativa como cultura, mas na forma como agimos e reagimos. *Se você não matar o rei, pode ficar jovem para sempre*. O tema da adolescência aparece em destaque nos estudos feitos com a sociedade americana. Por outro lado, temas associados à idade – como paciência, sofisticação e compreensão dos limites – surgem com grande regularidade quando mergulhamos em culturas mais antigas. Nossa adolescência enquanto sociedade decorre de um ponto essencial: nunca tivemos que matar o rei para nos tornarmos quem somos. Muitas culturas mais maduras agiram em rebelião matando seus líderes, por exemplo,

os franceses se rebelaram decapitando Luís XVI e assim, hoje apresentam uma sociedade com comportamentos mais maduros.

Individualmente, essa simbologia de se tornar adulto também parece fundamental. Há poucos anos, dávamos muito valor aos eventos de formatura, festa de casamento. Hoje, muitos de nós nos mostramos mais distantes desses eventos que marcam a chegada à vida adulta. Estamos claramente negligenciando esses e qualquer outro rito de passagem.

Em algumas culturas primitivas, ainda existem rituais de passagem para a vida adulta como no caso dos povos Ijos e Iorubás na Nigéria onde os adolescentes, para se tornarem adultos, precisam copular com um carneiro na frente dos homens mais velhos ou até mesmo nas aldeias nambiquaras em Mato Grosso, no Brasil, onde existe um ritual para marcar a chegada à vida adulta exigindo que os jovens mostrem coragem e firmeza para passar pelo processo de perfuração do nariz a sangue frio.

Crescer dói e o fato é que o ser humano é um animal que prolonga ao máximo sua experiência de infância. No reino animal, alguns filhotes precisam de poucos meses para se tornarem responsáveis pela própria vida. Nós precisamos de anos e atualmente estamos prolongando cada vez mais essa experiência.

Decidir se tornar um adulto é muito mais do que uma proposta educativa, é uma decisão extremamente potente, curativa e mágica. Tornar-se adulto é trabalhar em um nível de mudança de consciência, e aprender a lidar com as emoções é ponto crucial para sair do estado infantil em que muitos de nós adultos ainda nos encontramos. É deixar de tomar decisões baseadas apenas em nossas emoções como o medo, tensão, raiva, ansiedade, insegurança ou até mesmo emoções positivas como alegria, êxtase, frisson para tomar decisões baseadas em nossa consciência ou intuição. É deixar nossa vida ser orientada por nosso saber interno e não ter nossa vida dirigida por nosso instinto animal, estritamente emocional.

É muito comum ter que assistir adultos tratando crianças como se eles fossem verdadeiras crianças. Muitas vezes, são os adultos que estão gritando, esperneando, transferindo a responsabilidade de decisões para quem não tem e nem deveria ter condição de lidar com determinadas situações.

Voltar-se para si, observar como nos comportamos no nosso dia a dia pode ser um excelente caminho para um processo de aprendizagem mais livre e mais instintivo, nos deslocando muitas vezes da experiência de ilusão que o espírito adolescente carrega e nos trazendo de volta à beleza da realidade.

Uma vez alertas e atentos ao mundo de que fazemos parte, podemos extrapolar mais um paradigma atual para nos dirigir ao que estamos chamando de um mundo novo.

Deixar para traz o paradigma do poder, onde o valor é garantido através da verticalidade, da decisão *top-down*, com vontades definidas, sem resistência, através da ideia do "eu mando e você obedece", onde se prevalece a vontade de uma minoria sobre uma maioria para investir-se do que chamamos de paradigma da nova era, ou paradigma da potência.

Falar de potência é falar da grandeza física escalar, um termo com ampla variedade de significados. Pensar em uma sociedade potente é pensar em extrair o melhor de cada um, sem buscar nenhum tipo de padronização, sem comparar, sem hierarquia, sem certo ou errado.

Jailson Souza e Silva, fundador do projeto Observatório de Favelas na Maré, fala sobre o paradigma da potência em territórios periféricos como forma de superar o paradigma da ausência onde

> as classificações simplórias dos territórios "desprovidos", "desfavorecidos", "desprivilegiados", "excluídos" "pauperizados", "marginalizados" ou "carentes" dão lugar a potência, ao "poder inventivo", da capacidade de gerar respostas práticas e legítimas, as quais se configuram como formas contra hegemônicas de vida em sociedade.

O poder da potência também pode ser percebido no incrível trabalho de Ken Wilber, grande pensador e filósofo, criador da *Teoria Integral*, uma metateoria composta de diversas teorias (como as baseadas em Buda, Einstein, Freud, Jung, Goleman, Piaget, Aurobindo, Kegan e muitos outros), em que se cria um mapa que forma outros mapas nos ajudando a compreender a importância de enxergar a realidade que nos circunda sem negar a verdade presente em cada um.

Ken Wilber acredita profundamente na potência considerando que ter o melhor de cada um é um passo decisivo para alcançar um novo nível de consciência. Para ele, quando temos uma visão integral, sempre temos a certeza de que estamos olhando para a realidade através de diversos aspectos (e não apenas de nossa limitada visão social e cultural), nos permitindo ter mais chances de tomar decisões responsáveis e coerentes com o mundo do adulto.

Quando nos desinvestimos de nosso estágio adolescente, infantil, imediatamente nos deslocamos do lugar de vítima e nos tornamos completamente responsáveis por nossas escolhas, nossa situação e a situação daqueles pelos quais somos responsáveis.

Assumimos a responsabilidade do ser criador, e deixamos de ser vítima de problemas, porque passamos a escolher as brigas que desejamos brigar. Arrisco a dizer, que aqui, extrapolamos o limite sobre o qual Nelson Mandela citou a escritora americana e líder espiritual Marianne Williamson:

> Nosso medo mais profundo não é sermos incapazes. Nosso medo mais profundo é o de sermos poderosos além do limite. É a nossa Luz, e não a nossa escuridão, o que mais nos assusta. Quem sou eu para ser brilhante, lindo, talentoso, fabuloso? Na verdade, quem é você para não ser?
> (...)
> À medida que deixamos nossa própria Luz brilhar, damos inconscientemente permissão às outras pessoas para fazer o mesmo. Conforme nos libertamos de nossos próprios medos, nossa presença automaticamente liberta os outros.

Reconhecer que o "trabalho está em nós" é o primeiro passo para dar a chance de redesenhar uma nova vida em diversos aspectos de nosso ser. E, considerando comportamentos regenerativos para desenhar um novo mundo, como está nossa relação com o trabalho?

Fonte: gramatica.net.br

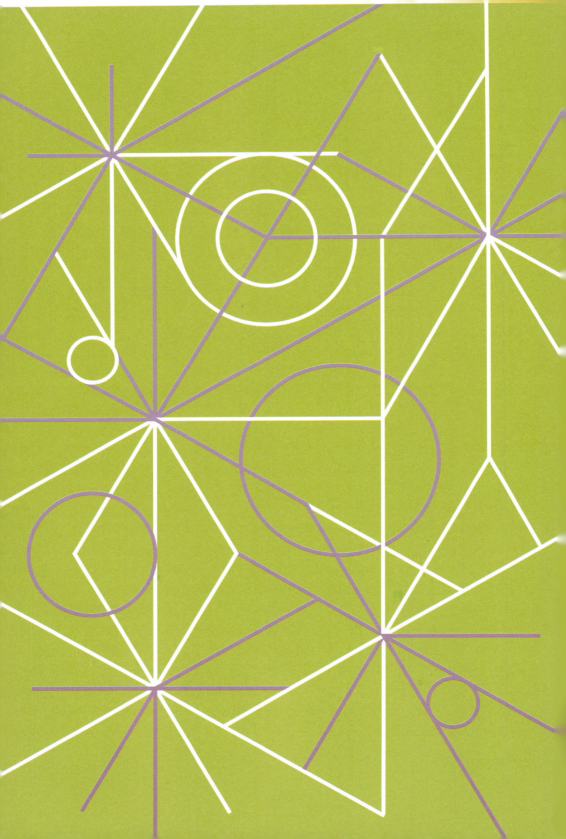

TRABALHO
reconhecendo seu real significado

COMECEI A TRABALHAR NOS ANOS 2000 atendendo ao mercado publicitário que estava vivendo seu auge. Agências de publicidade abarrotadas de projetos criando campanhas incríveis para grandes corporações e construindo referências para um novo padrão de consumo e de estilo de vida, totalmente marcado pela ideia do ter e completamente distanciado da ideia do ser, do sentir.

Pessoas lindas, corpos bonitos, bem vestidos, ultra descolados, sempre parecendo muito informais, com tênis, calças e camisas que parecem ser peças básicas do guarda-roupa, mas que com certeza custam muito mais caro do que qualquer terno ou roupa formal mais comum.

Um mundo marcado por agendas lotadas, ponte área toda semana, viagens nacionais e internacionais, reuniões ultra importantes com um senso de urgência que mais pareciam querer salvar vidas, mas na verdade, tinham como foco principal criar estratégias de como se ia fazer para faturar mais sem sequer questionar o porquê de precisarmos ganhar tanto e sermos tão bem-sucedidos.

Sem perceber, eu fui uma dessas pessoas.

Passei praticamente 20 anos de minha vida em reuniões, viajando sem parar, fazendo diagnósticos do momento atual de grandes empresas e pensando em estratégias para que elas vendessem mais, fossem mais desejadas, pudessem criar mais produtos e serviços para que fossem consumidos mesmo sem necessidade.

Desejava muito ser a profissional mais bem-sucedida possível, reconhecida por meu esforço quase sobre-humano, queria ser completamente indispensável, importante, me sentia muito valorizada por ser uma pessoa extremamente ocupada e sem tempo.

Ganhei o prêmio de profissional destaque no ano em 2013 da Associação Brasileira de Propaganda (ABP) na categoria de pesquisa e minha empresa foi eleita a melhor fornecedora de pesquisa da L'Oréal por 3 anos consecutivos.

"Ninguém consegue fazer nada sem mim" era uma afirmação corriqueira, citada com um tom de cansaço e impaciência, mas que no fundo, alimentava profundamente meu ego e minha baixa autoestima.

Na verdade, ter conseguido chegar a essa condição muito jovem foi uma espécie de vitória. Para uma mulher de classe média da Zona Norte do Rio de Janeiro, que engravidou aos 21 anos, que se separou logo quando seu filho tinha um ano de idade e que estudou e trabalhou ao mesmo tempo para conseguir se formar, viver essa condição foi uma espécie de sonho, de confirmação de sucesso, de valor, de conseguir vencer na vida.

E sim, ao longo de minha vida, essa condição me proporcionou grandes benefícios. Comecei a fazer dinheiro desde jovem, acabei por financiar sozinha minha vida e a de meu filho, comprei meu apartamento próprio sem ajuda de ninguém, sempre tive carro do ano, dinheiro na conta corrente, alguma reserva financeira, acesso a viagens para o exterior, comprei tudo o que desejei e garanti todos esses benefícios de quem não passa perrengue de grana.

Para muitos, se essa história acabasse aqui, pareceria até que foi uma trajetória de sucesso, superação e conquistas. E de certa forma foi, mas não foi só isso. Essa história tem diversos efeitos colaterais extremamente nocivos e na contramão de quem deseja estar mais conectada e coerente com um novo mundo.

E é sobre isso que eu quero falar.

A relação com o trabalho talvez tenha sido uma das piores armadilhas em que caí e de que tento me desvencilhar até hoje. Alguns jamais conseguiram.

Alain de Botton, mais uma vez, acabou por me ajudar a entender como a posição de sucesso e o status adquirido pode nos servir como arapuca nos deixando completamente reféns de algo que precisamos manter sem sequer entendermos exatamente a razão.

O autor define desejo de status como:

> uma preocupação tão perniciosa que é capaz de destruir grande parte da nossa vida. Movidos por ela, nos arriscamos a nos conformar aos ideais de sucesso estabelecidos pela nossa sociedade. Como resultado, podemos perder nossa dignidade e nosso respeito próprio.

Meus últimos anos foram marcados exatamente por esse tema: uma posição de status que aparentemente me fazia muito bem, mas também, uma conformidade extremamente tóxica e incoerente com os valores que acredito reger uma nova era.

Passei alguns anos em uma busca incessante por uma melhor relação com o trabalho: estava sempre flutuando entre a ideia de que "o trabalho dignifica ou derruba por completo a vida de um homem."

Transitei nessas duas polaridades: por tempos me tornei a pessoa que assumiu o arquétipo do trabalhador incessante, venerado, implacável. No intuito de mergulhar fundo em meu processo de transformação, que me fez questionar cada movimento meu e cada ação mecânica que eu não era capaz de encontrar uma justificativa coerente, vesti minha nova armadura: me tornei o personagem de alguém amargurado, que não vê valor naquilo que está fazendo, e que, ao mesmo tempo, é incapaz de abandonar o posto porque está completamente comprometido com os ganhos secundários da relação que tanto lhe faz mal.

Hoje, depois de parar e observar com maior maturidade toda essa história que me deixou à deriva por anos, encontrei um caminho do meio, mas para chegar lá, precisei dissecar três pontos que foram muito relevantes para reorganizar minha relação com o trabalho: ganho da independência e a perda da autonomia, desidentidade pessoal e propósito no trabalho.

Ganho da independência e a perda da autonomia

Desde que eu tinha 13 anos, ouvia minha mãe falar pelos cantos da casa sobre a importância de ser independente, do valor de não depender de ninguém, da potência de ser livre, não precisar se justificar, não se limitar pela falta.

Cresci vendo-a trabalhar como louca, sustentando sua própria vida, construindo sua casa, suportando financeiramente seus pais, mas também a vi completamente exausta, sem tempo, sem espaço para compartilhar momentos simples de nosso dia a dia.

Na verdade, nunca ninguém me alertou, nem mesmo na vida adulta sobre o impacto da perda de autonomia quando nos comprometemos demais com outras instituições ou mesmo leis e regras às que precisamos nos submeter.

Autonomia é um substantivo feminino muito simples de compreender: capacidade de governar-se pelos próprios meios. Mas também é um termo que carrega ideais:

> autonomia é um conceito encontrado na moral, na política, na filosofia e na bioética. É a capacidade de um indivíduo racional de tomar decisões não forçadas baseadas nas próprias informações disponíveis[4].

De certa forma, a autonomia acessa o aprendizado que vem de dentro, e não se baseia no conhecimento de fora.

Segundo Kant (1724-1804),

> autonomia é a capacidade da vontade humana de se autodeterminar segundo uma legislação moral por ela mesma estabelecida, livre de qualquer fator estranho ou exógeno com uma influência subjugante, tal como a paixão.

Com a escolha que fiz, ganhei muita independência, mas perdi muita autonomia. Perdi coisas que me doem muito. Perdi centenas de horas de vida não vividas.

Perdi muitos momentos com meu filho, perdi alguns amores, perdi momentos de troca com os meus amigos, perdi aniversários dos meus pais, perdi tardes de descanso, caminhadas ao ar livre...

Perdi muito tempo e fiquei tão acelerada que perdi o tempo da natureza, perdi o compasso da vida em comum, perdi a paciência, e, o que mais doeu, perdi minha sensibilidade. E por estar nesse estado tão insensível, nem percebi que perdi tudo isso.

Perdi também minha voz. Para muitas coisas pude dizer o que pensava, mas para outras não pude fazer o mesmo. Afinal, sem autonomia, você segue a regra dos outros, daquilo que já está estabelecido. Mas o pior, em alguns casos, perdi meu discernimento e até minha alma. Atendi a caprichos com que não concordava, me submeti a situações que não me agradavam.

Hoje, em busca de minha independência, ainda coloco minha autonomia em xeque, mas uso uma balança muito mais precisa que antes. Avalio com cuidado as afirmativas que dou para não me ver tão rendida na minha própria falta.

É um exercício quase que diário, mas é fantástico.

Desidentidade pessoal

Já lhe pediram alguma vez para que se apresentasse sem dizer qual sua profissão e o que você faz? Eu já. Foi horrível. Fui pega tão de surpresa que fiquei meio desestabilizada e confusa.

Como nossa identidade pessoal está muito suportada por nosso ofício, a maneira como moldamos nossas vidas está fortemente ligada a nossa profissão.

Interessante que o trabalho, que em sua origem sempre foi visto como uma atividade penosa e sofrida, dirigida às pessoas que não tinham propriedades ou até mesmo às atividades exploratórias mais bizarras da humanidade como a escravidão, se ressignificou com a meritocracia.

A palavra trabalho tem origem do vocábulo latim *tripalium*, denominação de um instrumento de tortura formado por três (tri) paus (pallium). Desse modo, originalmente, "trabalhar" significa ser torturado no *tripallium*.

Essa noção, embora presente no inconsciente coletivo, parece mudar radicalmente após a Revolução Francesa com a ascensão de Bonaparte, quando a França decreta que a origem de nascimento não contaria mais para o ingresso de carreiras públicas e se perpetua no século XIX, especialmente entre os países anglo-saxões ganhando força e valor nos EUA.

O termo meritocracia vem do latim mereo que significa "ser digno, merecer" e do grego antigo krátos traduzido como "força, poder", estabelecendo uma relação direta entre mérito e poder. Esse termo foi cunhado pelo sociólogo e político inglês Michael Young (1915-2002) quando lançou seu livro *The Rise of Meritocracy* (A Ascensão da Meritocracia).

Nos Estados Unidos, esse conceito se reforça pelo imaginário do *self-made man*, o homem que faz a si mesmo, apenas com seu próprio empenho. Foi aqui que eu caí em mais uma armadilha: me tornei meu próprio trabalho.

Vivemos em uma sociedade onde o ser humano abandona seus atributos pessoais para fortalecer sua identidade profissional. Buscam-se incessantemente atributos exclusivos do mundo corporativo: ser uma pessoa bem-sucedida, com poder, uma vencedora, perspicaz, ágil, competente e gloriosa.

Foi criado todo um macroambiente que valoriza o ser pelo que se faz e não pelo que se é. Assim, montamos uma rede de amigos profissionais, criamos o conceito de network para especularmos oportunidades através de influências e relacionamentos.

Hoje, já existem escolas que propõem um ambiente elitista, exclusivo, em que o grande diferencial é propor às crianças construírem uma rede de network sólida que as beneficiará no futuro.

O capitalismo se redesenha para colocar o "homem merecedor" no centro do poder. No livro *Vida Capital – Ensaios de Biopolítica*, do francês

Peter Pal Pelbart, foi apresentado o redesenho do trabalho na nova visão capitalista onde se abandona a ideia do homem como máquina e ele é então colocado como o propulsor do "capitalismo conexionista".

O ideal hoje é ser o mais enxuto possível, o mais leve possível, ter o máximo de mobilidade, o máximo de conexões úteis, o máximo de informações, o máximo de navegabilidade, a fim de antenar-se para os projetos mais pertinentes, com duração finita, para o qual se mobilizam as pessoas certas.

O mundo conexionista é inteiramente rizomático, não finalista, não identitário, favorece aos hibridismos, a migração, as múltiplas interfaces, metamorfoses e etc. Claro que o objetivo final do capitalismo permanece o mesmo, visa o lucro, mas o modo pelo qual ele agora tende a realizá-lo, é prioritariamente através da rede.

Ou seja, me tornei um mero personagem "dessa rede" que dedica sua vida a sustentar um sistema que estava me induzindo a perder minha própria identidade enquanto ser.

E foi assim que aconteceu: me perdi de mim mesma.

E ainda fiquei absolutamente refém do medo de algo dar errado. Vivi com medo de falhar e falir, de perder algo que sequer existia, vivi uma vida em torno da manutenção daquela persona, sem garantias, precisando dar o melhor de mim para não perder a única referência que tinha de mim mesma.

A forma que encontrei para me regenerar nesse contexto tão violento de perda de identidade (ou criação de uma única identidade suportada pelo profissional) não foi abandonar o trabalho, mas sim, montar uma rede paralela de pessoas e interesses que foram desmontando aquele ser que se sustentava apenas através de atributos profissionais.

Criei uma rede de amigos e interesses múltiplos que partem de diferentes fontes: música, arte, boemia, dança, cursos de coisas que me interessam como bioenergética, sagrado feminino, oráculo lunar, cosmética natural, ayurveda, atividades voltadas para o corpo, círculos de leituras e outros temas que fazem parte do meu interesse pessoal.

Foi um desafio criar essa rede de pessoas que não tivesse nada a ver com minha carreira, mas foi libertador. Foi através dela que percebi que posso ser múltipla, que não preciso ser apenas uma coisa e viver a vida como se eu estivesse andando em cima de uma corda bamba sem poder cair.

Arrisco-me a dizer também que esse é um movimento regenerativo que redesenha um novo mundo. Segundo Harari, no livro *21 lições para o século 21*, o conceito de multidisciplinaridade será uma nova marca em nossa vida, não seremos apenas uma coisa durante a vida inteira, as profissões tenderão a se transformar com a chegada da inteligência artificial, e a cada 10 anos pelo menos, estaremos trabalhando em atividades diferentes.

A relação com a carreira nunca mais será como você conheceu antes, prepare-se realmente para uma nova era.

Propósito no trabalho

"O trabalho dignifica o homem." Sim, essa expressão citada por Max Weber (1864-1920) intelectual, jurista e economista alemão considerado um dos fundadores da sociologia é uma verdade, se considerarmos que a noção de trabalho nasce junto com nossa própria humanidade.

O trabalho é uma atividade na qual o homem emprega sua força para produzir os meios para seu sustento. Ou seja, a atividade humana que tem como objetivo produzir uma forma de obtenção da subsistência.

Weber afirmava que o trabalho é de extrema importância porque o homem move a sociedade, trabalha para sustentar a família e viver de forma honesta.

Provavelmente, essa análise descrita há pelo menos um século seja ainda atual, sendo esses os principais argumentos que justificam nossa relação com o trabalho até os dias de hoje.

Entretanto, essa descrição mais simplista exclui do papel do homem a autoanálise da relação com a atividade que ele exerce, se essa atividade é estimulante ou não e se essa atividade gera impacto negativo ou positivo para o mundo social e ambiental que nós coabitamos mutuamente.

É essa análise dos pontos de motivação individual e moral de cada indivíduo que pode ser percebida como um comportamento regenerativo que irá redesenhar uma relação mais saudável com nossa atividade laboral.

Uma vez que já se tenha conquistado sua dignidade com o trabalho (ideia de ter suas necessidades básicas e de sua família atendidas de forma honesta), é necessário reavaliar sua relação com o mesmo sem se deixar seduzir pela fantasia da riqueza e acumulação tão danosa para nossa sociedade desigual.

Há um ponto de transição entre falar do propósito do trabalho ou do trabalho com propósito.

E é aqui o grande desafio que temos como sociedade. Como entender esse limite em uma sociedade que hipervaloriza o acúmulo e o status de se ter muito além do necessário? Vivemos a era da valorização dos supérfluos e do superfaturamento com noções extremamente arbitrárias de posse e excesso.

Tornei-me empresária aos 22 anos. Montei minha empresa de pesquisa para poder criar projetos autorais focados na experiência de conhecer o outro. Doze anos depois tinha uma empresa com 30 funcionários e trabalhava com a noção de que para ter uma história de sucesso era necessário crescer e faturar cada vez mais.

Como não entendia muito de negócios, eu e meu sócio contratamos um *coach* para nos ajudar. Fazíamos reuniões sobre financeiro e performance todo mês. Quando me dei conta, estava com um plano de crescimento para dobrar a lucratividade de nossa empresa em três anos para ser vendida para um grupo publicitário.

Quando consegui acessar um pequeno lampejo de lucidez, me vi completamente distante de meu desejo inicial: mergulhar na experiência de conhecer o outro. Percebi que estava completamente exausta, desequilibrada, trabalhando na gestão de um plano de negócio que não tinha nenhum propósito além de lucrar, sem nem compreender como eu tinha parado naquele lugar.

Vivi intensamente mais uma armadilha na busca pela sensação de segurança e controle tão desejada em uma sociedade que tem como grande valor o poder.

Felizmente, tive coragem e condição de recuar um passo e reposicionar nosso negócio. Nossa empresa tem poucos funcionários e colaboradores multidisciplinares que atuam eventualmente quando há demanda. Trabalhamos em projetos em que temos o direito de escolher onde e como colocar nossas energias, temos um novo propósito: entender comportamentos que vão redesenhar um novo mundo.

Trabalhar com o que se ama e se acredita não é uma ideia nova. Confúcio, pensador e filosofo chinês nascido antes de Cristo (551-479 a.C.) entende que "quem trabalha com o que ama, jamais terá trabalho um dia sequer na vida."

Ainda estou experimentando a beleza de trabalhar com o que se ama e com o que se deseja, e também sei que nem sempre isso é possível, mas uma coisa eu aprendi: estar consciente de que trabalhar sem avaliar o porquê tem um preço muito alto que muitas vezes não vale a pena pagar.

Nesse sentido, todos os grandes pilares de sustentação de nossa forma de viver precisam e devem ser observados a fim de criarmos uma melhor relação com cada um deles.

Falamos sobre nossa conexão com a natureza, nosso estilo de vida, a relação com o dinheiro, com a alimentação, o papel da educação e do trabalho em nossas vidas nos últimos capítulos, mas ainda não falamos de como elementos externos como a tecnologia, por exemplo, penetrou de forma tão rápida em nosso cotidiano e vem transformando significativamente a forma como nos relacionamos com o mundo. Nesse caso, será que essa relação merece um olhar individual?

---

4   Fonte: Wikipedia

TECNOLOGIA
como lidar?

SEMPRE TIVE UMA BOA RELAÇÃO COM A TECNOLOGIA. Sou muito atraída por tudo aquilo que me gere facilidade, que torne minhas ações mais eficientes, que transforme movimentos que eram extremamente complexos em soluções que, às vezes, duram alguns segundos.

Imaginem que há pouco tempo nem existia e-mail, tínhamos que mandar qualquer documento via correio.

Mas também me considero muito sensata por não ser uma pessoa que depende de *gadgets* para tudo. Já tentei incorporar algumas ferramentas tecnológicas na minha vida, como *smart bands*, aplicativos que monitoram o sono, ou que avisam a hora de beber água e mais tantos outros, dos que honestamente, me senti mais refém do que propriamente usuária.

É até difícil mensurar os ganhos exponenciais da vida digital. A chegada da internet e o avanço tecnológico trouxeram uma forma de viver muito mais eficiente.

O tema da tecnologia está em total consonância com a nova era de Aquário, também conhecida como a "era cósmica", favorecendo a comunicação rápida e o interesse pelo futuro. O regente de Aquário, Urano, também é considerado um planeta elétrico e rápido, que traz em si a capacidade de inovação e renovação de energias.

Ou seja, se ganha muito tendo a internet e as novas tecnologias a nosso favor, tanto em termos de eficiência e conforto, quanto na forma como olhamos e experienciamos o mundo.

A tecnologia reuniu pessoas que não se conheciam, consolidou dados muito preciosos que ajudam a produzir conhecimento e melhorar a vida das pessoas, conectou interesses, trouxe mudanças sistêmicas realmente significativas.

O acesso ao conteúdo audiovisual – principalmente depois da chegada da banda larga – ressignificou também a maneira de enxergar o mundo, a nossa estética.

Durante a chegada da banda larga no Brasil, mais ou menos nos primeiros 10 anos do ano 2000, fiz centenas de grupos de pesquisa qualitativa para entender seu impacto no comportamento e na rotina das pessoas.

Embora não pareça tão perceptível, nessa transição e durante sua chegada (o primeiro acesso à rede), trocar a forma de conexão discada pela banda teve um impacto tremendo na forma com que passamos a enxergar o mundo.

Nessa época, eu trabalhava testando muitas peças de comunicação de grandes empresas, e parecia que, de uma hora para outra, aquilo que existia já não servia mais. Os consumidores já não engoliam mais peças publicitárias que não tivessem vínculo com a realidade, não queriam mais fotos montadas, visuais artificiais e nem mensagens que não tivessem alguma coerência.

A campanha da Xuxa usando o hidratante Monange era sempre mencionada pelos consumidores para exemplificar aquilo que eles já não queriam mais: "isso aqui tá parecendo as propagandas que mentem, tipo a Xuxa usando Monange". Um marco estético se estabeleceu bem nesse tempo.

Antes do acesso à banda larga, buscava-se de forma desenfreada o conceito de perfeição, o padrão, o parecido, tínhamos muito pouca disponibilidade para lidar com as diferenças, com os defeitos...

O mundo publicitário era feito de ilusão: imagens inacessíveis, padrões de beleza inalcançáveis, representação de modos de vida impenetráveis ao estilo "família Doriana" que definitivamente não representava a vida de ninguém, mas gerou (e ainda gera) muita angústia e vazio reforçando em nós um sentimento de que não somos bons o suficiente para merecermos tal realidade.

Na virada do século, ainda queríamos muito nos parecer uns com os outros, vivíamos em tribos, buscávamos o melhor em todas as coisas: no acabamento, no som, na fotografia, na imagem com novas tecnologias HDMI, o Blu-ray...

Porém, foi o acesso à rede com a chegada dos vídeos caseiros que nos permitiu uma transição estética. Nesse momento, uma explosão de imagens caseiras inundou nossas vidas nos trazendo mais humanidade e nos permitindo vibrar com as diferenças, nos reconectarmos com o inacabado, valorizar aquilo que não conhecíamos, reverenciar o que antes era percebido como "bizarro". E tivemos alguns marcos nessa transição estética.

De um lado, uma supervalorização do universo analógico: câmeras Polaroid, filmagem com rolo 8mm, LomoLomo e Kodak (fossem analógicas ou filtros) voltaram com tudo marcando o valor dessa ideia de imperfeição. De outro, personalidades na música, na TV e na internet que ganhavam destaque exponencial e marcavam por suas singularidades e não mais por serem um ícone de beleza: Mallu Magalhães, Tatá Werneck, Whinderson Nunes são alguns exemplos desse movimento.

Sem contar o texto do Pedro Bial chamado *Filtro Solar,* que explodiu em 2014 que mais parecia ser o manifesto desse novo tempo em que as pessoas estavam vivenciando profundamente essa transição:

> Desfrute de seu corpo
> Use-o de toda maneira que puder
> Não tenha medo de seu corpo
> Ou do que as outras pessoas possam achar dele
> É o mais incrível instrumento que você jamais vai possuir.
> Dance, mesmo que você não tenha aonde, além de seu próprio quarto
> Leia as instruções, mesmo que não vá segui-las depois
> Não leias as revistas de beleza, elas só vão fazer você se achar feio.

Sem dúvidas, esses anos foram de grande excitação, do resgate de nossa autoestima, de nossa fé, nossa confiança em ser quem se é. Com a tecnologia a nossa disposição, ampliamos nossa visão de mundo, nosso poder de escolha, quebramos correntes que arrastávamos por anos, ganhamos mais poder de decisão, criamos um ambiente de compartilhamento e acesso a conteúdo nunca antes visto.

Mas a pergunta que fica é: se tudo isso parecia tão promissor, o que tem de tão errado?

Embora esteja presente nas redes sociais desde 2008, a primeira que utilizei foi o Facebook e hoje também tenho o Instagram. Nunca fui uma pessoa de me expor muito. Gosto dessa interação, gosto de ter tido a chance de rever pessoas que não via há anos e que nunca mais imaginei encontrar de novo, gosto de acompanhar os grandes momentos de amigos mais distantes, gosto de saber sobre o nascimento de um filho, uma grande notícia, gosto de acompanhar histórias sobre viagens...

Também vi valor em ter uma *timeline* sobre minha própria vida. A rede social, de alguma forma, organiza os marcos do que foi importante e que mereceu ser compartilhado, me relembra o que vivi em cada ano, os temas que me interessaram, os aniversários, as viagens que fiz, os momentos com o filho, a família, os amigos...

No entanto, a rede social também já me colocou em estado de alerta, muitas vezes. Mesmo não me considerando uma pessoa adicta nessa relação, já me peguei angustiada por acompanhar a vida incrível das pessoas quando estava triste e melancólica; já me vi acompanhando quantos *likes* eu iria receber em uma foto minha para me sentir validada, já "stalkeei" meu ex e suas respectivas namoradas, me comparando, e consequentemente, machucando minha autoestima e criando realidades incríveis para os outros e não para mim.

Vivo no limite entre a forte atração de estar me distraindo na rede e o medo de, sem perceber, ter me tornado um produto.

"Nossos computadores, nossos telefones, não mudam exatamente o que fazemos, mudam realmente quem nós somos". Essa é uma citação da Sherry Turkle, professora de Estudos Sociais de Ciência e Tecnologia no MIT, que vem questionando fortemente o quanto nossa presença na rede altera significativamente nossas ações e escolhas.

Claro que, nesse momento, já nos demos conta de que estamos sendo vigiados 24 horas, sendo bombardeados por conteúdos e ofertas selecionados para nos moldar fazendo com que percamos nossa capacidade crítica e ajamos de acordo com os interesses comerciais e políticos das empresas que os anunciam.

No documentário *O Dilema das Redes* é citada uma constatação clássica nesse universo que diz "se você não está pagando pelo produto, então, você é o produto".

E o pior disso tudo: é cada vez mais legítima nossa dependência da rede. Existe, de fato, uma vida paralela que se forma por lá. Se estamos presentes, nos sentimos vivos (literalmente conectados), mas se estamos distraídos, e desorientados de nossa própria realidade, fantasiamos uma vida, um universo que, muitas vezes, sequer existe.

Se ficamos off, ficamos de fora. Perdemos espaço, perdemos coisas importantes que acontecem na vida de nossos amigos, perdemos até a chance de nos apaixonarmos. Entramos de cabeça na síndrome que atualmente chamam de FOMO (*Fear of Missing Out*), termo utilizado por especialistas para explicar essa nossa necessidade de conexão ininterrupta que pode causar muita ansiedade e, em alguns casos, depressão.

O mais preocupante é que não conseguimos criar limites ou um uso saudável para as crianças e adolescentes que estão se deprimindo e ficando completamente expostos a uma ilusão sem precedentes. Há um fenômeno sendo criado chamado Disformia do Instagram onde todos querem se parecer com um filtro e tendem a negar sua própria aparência. Nunca foi tão alta a busca por cirurgias plásticas em adolescentes.

A presença massiva da tecnologia em nossas vidas e a maneira como estamos nos relacionando com a rede em geral se tornou foco de preocupação para grandes pensadores e profissionais que estudam o impacto desse cenário em nosso comportamento.

Será que estão sendo usados velhos pensamentos para habitar um mundo novo? Ao invés de criarmos um ambiente livre, criativo e disruptivo, deixamos instalar um ambiente extremamente manipulável, comercial, sem nenhuma ética ou responsabilidade?

Nesse contexto, a pergunta que fica é: para que fins estão sendo direcionados os esforços da tecnologia?

Esse é o grande ponto que precisamos cuidar para que possamos construir um ambiente em maior consonância com aquilo que queremos viver. Quando a tecnologia deixa de ser apenas uma ferramenta para se tornar um vício e meio de manipulação, ela se torna uma questão que precisa ser enfrentada.

Tristan Harris, ex-designer do Google, fundador da Center for Humane Technology, reconhecido como um dos principais líderes do movimento que clama por ética no ambiente digital, afirma: "Nos distanciamos por completo do conceito de realidade, dezenas de milhões de pessoas se viciaram em redes sociais e distorceram por completo sua própria vida."

Ou seja, impactamos profundamente a construção de uma identidade individual e construímos um campo de manipulação coletivo nunca antes visto. Vamos entender mais sobre isso?

Campo Individual

Tive medo de mudar quem eu sou por conta das redes sociais.

Quando decidi viajar pelo mundo durante dois anos, recebi uma série de ligações de amigos e conhecidos querendo saber se eu iria criar um blog ou um canal na rede para descrever minha viagem. Cheguei até a receber propostas querendo fazer disso um negócio rentável.

Em um primeiro momento, cheguei até a considerar essa hipótese. Não ia ser má ideia postar uma vida incrível por dois anos em lugares estonteantes e com comportamentos diferentes com os que eu iria me deparar ao longo desse tempo.

Sendo uma profissional dessa área, isso poderia ser bem atraente e promissor.

Na primeira semana em que estive na Tailândia, já tratei de registrar minha primeira refeição com uma comida esquisita que pedi em uma espécie de botequim local que encontrei em Bangkok logo em minha chegada.

Meu ego logo se animou e pensei: "sou corajosa mesmo, vou 'bombar' com essa ideia de documentar minha viagem e mostrar pro mundo que eu sou incrível também."

Cheguei ao *hostel* em que estava hospedada em Bangkok e nos primeiros dias de viagem tratei de buscar o que eu iria fazer a partir dali. Também tive a ousadia de iniciar uma viagem de dois anos sem nenhum planejamento (o que poderia ser uma boa narrativa para esse projeto de registro e projeção): quando saí do Brasil tinha apenas uma mochila, uma passagem para a Tailândia e um *hostel* alugado por uma semana. Além disso, mais nada.

Em três dias de planejamento, graças a Deus tive um insight muito importante que tratou de salvar a viagem que estava fazendo, pois já estava procurando lugares que não eram exatamente os que eu gostaria de conhecer, e sim, os que seriam mais atraentes para mostrar como eu era incrível e descolada.

Tive a sensação de estar trabalhando a serviço de uma imagem que estava descolada de meu corpo. Relembrei que decidi viajar porque estava esgotada de fazer coisas que não tinham sentido, que estava sempre a serviço de algo ou alguém, que desacostumei de fazer coisas que não tinham um benefício ou vantagem.

Confesso que quando essa ficha caiu, paralisei por segundos, larguei o computador, comecei a caminhar sem rumo pelas ruas de Bangkok, me sentei em um bar, pedi uma cerveja e pensei: "isso é uma armadilha".

Voltei para o quarto e tive a sábia decisão de sair das redes sociais por um ano. Excluí os aplicativos de meu celular e vivi uma viagem como eu queria, de verdade. Tive momentos incríveis e momentos difíceis demais. Senti-me só, plena, achada, perdida, acabada, mas fiz tudo que eu queria.

Essa talvez tenha sido uma das decisões mais sábias de minha vida, mas também me ajudou a enxergar o quão perigoso e o porquê de tanta preocupação em torno da maneira como estamos agindo frente à revolução tecnológica a que estamos assistindo.

Afinal, quando perdemos a conexão com nosso self, deixamos de ser os responsáveis por nossas escolhas. Nesse caso, você se torna completamente previsível, e se torna, um número.

Exatamente como as empresas que assumiram a direção desse mundo virtual gostariam que fosse, um espaço de monitoramento e controle capaz de prever suas próximas ações (e claro, suas próximas compras).

Isso não é uma consequência desse universo, não aconteceu sem querer, não acontece sozinho. Existe uma estratégia das grandes empresas por trás desse fenômeno.

Segundo Roger McNamee, antigo investidor na área de tecnologia,

> os primeiros 50 anos do Vale do Silício, a indústria se dedicava a criar hardwares e softwares que eram vendidos aos clientes. Simples. Nos últimos 10 anos, as maiores empresas do Vale do Silício operam vendendo seus usuários.

E essa dependência e manipulação, segundo Sherry Turkle, ainda têm consequências mais graves em nossa vida no âmbito pessoal.

> Estamos perdendo o hábito da conexão visual, porque estamos sempre voltados para o nosso telefone, até quando estamos andando na rua. Nos tornamos super conectados com medo de intimidade e buscamos cada vez mais a tecnologia como nossa companhia porque estamos cada vez mais distantes das conversas reais que não podem ser editadas.

Estamos perdendo nossa própria intimidade. Acreditamos que ficar sozinho é um problema que precisa ser resolvido indo atrás do telefone para zapear no aleatório mundo de Nárnia.[5] Perdemos nosso espaço de elaboração e autocuidado que nos ajuda a entrar em contato com nossas emoções.

O ponto-chave é que grande parte da capacidade de elaborar nossas emoções está no espaço vazio e no silêncio que estamos temendo. Nossos mínimos tempos de pausa e reflexão como andar de metrô, olhar uma chuva, ver o pôr do sol, caminhar, foram capturados pela câmera, pela distração, pela expectativa de uma postagem.

É claro que não somos capazes, sozinhos, de lutar contra um cenário desse porte, nem faz sentido, mas podemos nos preservar dessa invasão nos permitindo respirar de todo esse movimento perverso que captura nossa atenção.

É importante não se entregar por completo. Claro que hoje, para a maioria, é praticamente impossível não estar na rede. Trabalhamos, estudamos, somos sedentos por informação, mas podemos ser mais atentos e conscientes.

Surpreenda todo esse mecanismo. Nosso grande valor como humano é sermos capazes de criar o novo. Não podemos ser tratados como máquinas para gerar lucro para um sistema sem ter um olhar mais completo e sustentável para o mundo em que vivemos.

Seguindo o conselho que uma vez ouvi da educadora Ana Thomaz: ofereça o mínimo, não dê *likes*, não clique em sugestões, acesse somente o necessário, não autorize o acesso a seus dados, e mais, confunda as máquinas, curta coisas que não te interessam, não curta algo por curtir, não se torne refém de um mundo que pode nos manipular.

Sejamos autênticos.

Campo Coletivo

Se individualmente o impacto da tecnologia pode ser tão devastador, como fica essa experiência se pensarmos no coletivo?

A realidade de um mundo completamente conectado e interativo é nova para nós enquanto humanidade. Definitivamente não estamos preparados para lidar com uma dinâmica que, além de buscar por validação coletiva, não garante a procedência da informação.

Vivi para contar o que é uma eleição manipulada pelas redes sociais. Em 2017, quando estávamos vivenciando o momento pré-eleitoral da campanha presidencial no Brasil, foi a primeira vez que senti na pele a força da manipulação coletiva das redes sociais. Parecia que de uma hora para outra, meu mundo se dividiu em opiniões completamente distintas e dois grupos se formavam com ideias totalmente contraditórias.

Quando se está vivendo isso pela primeira vez, não se consegue ver o fenômeno de fora, apenas se acredita que o mundo enlouqueceu, perdeu coerência, desconectou-se da realidade.

A justificativa que as pessoas criavam para fortalecer suas escolhas não eram conectadas com minha realidade. Cheguei a pensar que era eu que poderia estar ficando louca. Como pode de um dia para o outro ter discussões que não pareciam fazer sentido, ler posts completamente desalinhados com o que você entendia sobre a realidade? Foi um momento muito difícil.

Senti muita raiva, de uma hora para outra. Deixei de ter discussões de profundidade para apenas discutir a fonte e tentar provar que estávamos falando de algo que não era verdade (ou era, e eu era a louca).

Ali, eu entendi pela primeira vez o conceito da pós-verdade sobre o qual já tinha ouvido falar recentemente.

Pós-verdade é um fenômeno linguístico que descreve a situação na qual, na hora de criar e modelar a opinião pública, os fatos objetivos têm menos influência que os apelos às emoções. Ou seja, leva-se menos em consideração o que é realidade em detrimento do que se deseja falar.

Totalmente mergulhados na rede, ficamos à mercê de manipulações terríveis no campo coletivo, ao ponto de mudar o rumo de uma eleição de países influentes como os EUA.

Sem saber muito o que fazer, minha primeira reação a tudo que estava vivendo foi tentar me proteger. No meio de uma noite de insônia, peguei meu computador e decidi não seguir mais nenhuma das pessoas que postavam coisas relacionadas a informações sem fontes e sem coerência com a realidade (as famosas *fake news*), até amigos postando sobre terra plana eu encontrei em minha *timeline*.

Nessa longa noite que foi até as cinco da manhã, deixei de seguir mais de 600 pessoas, incluindo amigos próximos e familiares. Aproveitei para me aproximar de temas mais amenos como tarô, bioenergética, alimentação natural para me ajudar a ter uma melhor relação com a rede social e não ter um colapso a cada cinco minutos vendo uma barbaridade atrás da outra deslizar por minha tela.

Se por um lado, essa atitude transformou meu café da manhã do dia seguinte em um primeiro dia de paz e harmonia, sei também que perdi por completo o radar sobre as mentiras que estavam sendo disparadas todos os dias a fim de polarizar meu pequeno universo.

Nasci para ver o tempo mais fértil e criativo de nossa sociedade parar de dialogar.

Interessante que esse cenário minava por completo aquilo que era um dos maiores valores que a tecnologia nos permitia: ampliar as conexões, dar voz a qualquer um que quisesse expressar sua verdade, sua história. Perdemos a pluralidade para lidar com os extremos sem fundamento.

Claro, que o ponto de atenção aqui não é temer a rede, a tecnologia, virar as costas para um mundo cheio de oportunidades, de jeito nenhum; o ponto aqui é reconhecer que as motivações de um grupo de pessoas que está encabeçando esse sistema está sendo priorizado sem responsabilidade, sem ética e sem regulação.

Essa energia da ganância persuasiva é o que realmente desequilibra nosso mundo de hoje. Todo objetivo é manter o desejo de controle, comércio e poder. Querem controlar nossas opiniões para garantir o controle de nossas ações futuras que estão sendo negociadas como se fossem carne em açougue.

Jaron Lanier, autor do livro *10 Argumentos para Você Deletar Agora suas Redes Sociais*, afirma:

> Nós temos um desafio, precisamos criar uma cultura em torno da tecnologia que nos traga um campo criativo, vivo, bonito, brilhante e potente. Precisamos criar algo maior do que apenas o desejo de controle, comércio e poder porque senão realmente estaremos à mercê de um suicídio em massa.

Diante desse desafio, é fundamental um mergulho para reconhecer quem somos, fortalecer nossa identidade e a forma como pensamos. É preciso um posicionamento de alma, clarear nossos interesses, lutar para garantir que não sejamos dominados pelos interesses de um grupo que esteja atrás apenas de controle e garantia.

Somos únicos, somos autênticos e merecemos ser quem somos.

---

5   Referência ao mundo imaginário da obra de C.S. Lewis, *As Crônicas de Nárnia*.

POSICIONAMENTO
ativismo e resistência

SÁBADO, 9 DE ABRIL DE 2016. Depois de quase 16 horas dentro de um carro viajando durante a madrugada sob paisagens inimagináveis, desembarquei na Caxemira, uma região do norte do subcontinente indiano, hoje dividida entre Índia, Paquistão e China.

A "Caxemira" foi historicamente o vale ao sul da parte mais ocidental do Himalaia. Uma região que sofre por disputas há muitos anos. Já foi uma região de paz dominada pelo budismo, mas hoje trata-se de um país predominantemente islâmico (93% da população) que vem sendo berço de guerras e disputas desde 1947.

O conflito na Caxemira consiste na disputa entre Índia e Paquistão por este território. A Caxemira, por sua vez, deseja ser independente, mas recebe bastante dinheiro e armas do governo paquistanês para lutar contra as forças armadas indianas presentes na região.

Entre ameaças de armas nucleares, a região, que tem a riqueza de diversas nascentes de água, sofre violentamente com a situação há mais de sete décadas. O resultado dessa condição é uma cena bem impactante: uma cidade degradada, a visão de uma real zona de guerra, com famílias despedaçadas, violações de direitos humanos e a ameaça constante de morte.

Desembarquei por lá para ir a uma festa de noivado de uma família tradicional muçulmana. Essa estadia acabou durante a permanência do meu tempo de visto.

Fiquei três meses vivendo dentro do coração do estado islâmico. Conheci as mulheres mais fortes e resilientes de toda a minha vida e é sobre elas que eu quero falar.

Minha primeira visão quando cheguei à casa de Rafiza – a mulher que me acolheu e me deu uma aula de vida – foi bem desafiadora. Depois de horas viajando adentrei uma casa muito simples, e acompanhada por seu filho Samir, fui conduzida diretamente à cozinha para ficar ao lado das mulheres da família, que estavam todas sentadas no chão desse pequeno espaço, envolvido por uma tapeçaria colorida típica da região. Todas estavam fazendo alguma atividade manual para o planejamento da festa de noivado do filho mais jovem da matriarca da família.

Imediatamente, me serviram *Cashmere tea*, (uma mistura de especiarias como cardamomo e cravo junto ao chá preto que marcou minha vida para sempre) e um pão típico local que é motivo de orgulho da região.

Embora tenha sido bem recebida, foi um momento muito assustador. Eu sentada no chão vestida com uma calça jeans, uma blusa preta de manga comprida e um véu nos cabelos respeitando os costumes locais; elas, com as roupas típicas da Caxemira, muito coloridas, ornamentadas; algumas de burca completa, conversando em caxemíri, uma língua que tem origem em um subgrupo das línguas indo-arianas faladas no norte do Paquistão, leste do Afeganistão e na região indiana da Caxemira.

Eu olhava para elas, elas olhavam para mim. Eu pensava com todas as minhas forças: estou dentro de um filme? O que eu estou fazendo aqui?

Nossa aproximação não foi exatamente fácil. Eu era uma mulher ocidental, divorciada, com um filho e viajando sozinha; elas eram mulheres religiosas, casadas, devotas, e por viverem em uma região de guerra e dentro dos costumes muçulmanos, foram impedidas de se alfabetizarem, casaram-se sem poder escolher seu marido, não puderam trabalhar fora, não tiveram o direito a ter conta bancária, sequer podem ver o que desejam na televisão.

Ali, eu entendi que não era uma escolha, era uma condição.

Depois de uma semana na casa, os espaços de intimidade começaram a acontecer. Saíra, a adolescente da família me pediu para pentear meus cabelos e colocar um véu típico dos costumes locais; também foi ela quem fez a henna nas minhas mãos para me preparar para a festa de noivado. Um dia antes da festa, Rafiza também me puxou pelo braço para me emprestar uma roupa para que eu pudesse me juntar às mulheres na mesma condição.

Durante a festa, em uma experiência única dentro de um barco no lago Dal Lake, aos pés do Himalaia (sem dúvida, a cena mais bonita e exótica que vivenciei), tive o choque de descobrir que aquela festa não tinha a noiva como convidada. Era apenas para o noivo que estava todo ornamentado e sentado em uma espécie de trono. As mulheres ficavam juntas no lado esquerdo da festa. Podiam dançar, sorrir, conversar; os homens ficavam do lado direito, também pareciam bem à vontade entre eles.

A noiva, na verdade, só podia conhecer o noivo no dia do casamento e não na festa de noivado. A tradição é juntar os restos que sobram da festa para oferecer no dia seguinte à noiva. As mulheres da família acordam cedo para trabalhar nessa organização e seguem juntas à casa da noiva.

Felizmente, fui convidada.

Por volta das quatro da tarde, chegamos em uma caravana de tuktuks. Mais ou menos dez mulheres com bandejas grandes de prata, lotadas de doces e salgados maravilhosos para serem servidos junto ao chá oferecido por sua família em uma sala sempre forrada com tapetes coloridos e deslumbrantes (no chão e nas paredes).

Enfim, conheci a noiva. Uma menina-mulher de mais ou menos uns 20 anos. Deslumbrante. Cabelos longos e pretos, olhar brilhante, uma postura erguida e potente.

Depois de todas as bandejas servidas no chão, onde todos comem juntos, com a mão direita sempre, ela foi se aproximando e se sentou ao meu lado.

Ela falava bem inglês. E estava muito curiosa para me conhecer; eu também muito curiosa para conhecê-la.

Ela me falou baixinho: "Estou muito feliz por você ter vindo."

Eu respondi: "É uma honra para mim estar aqui."

Ela disse: "Você conheceu meu noivo?"

Eu respondi: "Sim, ele me parece muito legal." (E era mesmo, somos amigos até hoje).

Ela continuou: "Ele é bonito?"

Eu disse: "Lindo!"

Ela seguiu: "É muito difícil casar-se com alguém que você não conhece. As histórias sobre casamentos aqui são difíceis, muita violência e humilhação. Mas eu quero viver uma história de amor, será que vou ser feliz?"

Meu coração apertou naquele momento. Já tinha entendido durante os dias em que estava hospedada na casa de Alec, o noivo, que também estava se casando a contragosto. Ele tinha se apaixonado por uma francesa quando viajou para Goa (região de praia na Índia que recebe muitos turistas) e sonhava com uma história de amor fora da casa dos pais.

Na verdade, ele estava se casando porque sua mãe estava muito cansada de assumir a cozinha sozinha, ela era mãe de três filhos e queria uma nora para ajudar nas atividades domésticas.

A realidade daquelas mulheres era extremamente dura. Com três meses de convivência sentada no chão daquela cozinha descobri que viver em uma zona de guerra dentro dos costumes muçulmanos é uma espécie de provação. Ouvi histórias recorrentes entre elas sobre espancamento, estupro, desrespeito, destrato e assassinato.

Além dos maridos, muitos envolvidos com heroína e bebida (estamos falando de uma região insegura que está em zona de guerra há mais de 70 anos), existe a violência dos militares indianos. É simplesmente chocante e degradante a realidade de quem vive por lá.

No entanto, descobri, junto a tudo isso, a força dessas mulheres. Entendi que é preciso muita luta para não perder a esperança. É preciso ser resiliente, posicionada e guerreira para não perder a doçura debaixo daquele véu. É preciso agarrar a sanidade para não nos perdemos de nós mesmos. Essa luta não é externa, é uma luta para permanecer sã, viva, com esperança de momentos melhores.

Durante os meses que se seguiram cantamos, tocamos tambor, ouvimos música, todas tiraram seus véus... Ganhamos intimidade mesmo com as poucas palavras em comum.

Cozinhamos, trocamos experiências, falamos das diferenças culturais, ouvi relatos da beleza de ser devota, confiante, de estar em um lugar de criação, mesmo diante de tantos desafios.

Ali percebi que não podemos nos abandonar. Lutar pelo que somos em essência é fundamental para experienciar um novo mundo. E, de todos os exemplos de posicionamento e resistência, esse foi sem dúvida, o que me pareceu mais potente para nos ajudar a relembrar que não podemos deixar aquilo que realmente somos e desejamos de lado.

É muito fácil nos perdermos de nós mesmos. Nos últimos tempos, tenho percebido que há tantas pessoas no Ocidente muito mais perdidas do que as mulheres que conheci na Caxemira. Presos em ilusões, trancados dentro de shoppings, ansiosos, desejando ser aquilo que não são.

Um posicionamento claro, preciso, que reflita nossa essência, uma postura ativa, coerente, afiada, e de resistência para batalhar por aquilo que desejamos ser no mundo são atitudes fundamentais para construirmos uma nova realidade pautada naquilo que acreditamos ter valor e princípio.

Seja qual for seu lugar no mundo, lute por ele.

Posicionamento

Zhuangzi é uma obra chinesa atribuída ao filósofo Chuang Tzu que foi muito influente no desenvolvimento do zen budismo no século IV a.C.. Nela, há um conto que seria mais ou menos assim:

> uma história sobre animais e o vento que invejam-se por suas características congênitas. A centopeia inveja a cobra pelo fato dela poder se mover sem pernas, mas a cobra inveja o vento por sua capacidade de viajar grandes distâncias sem ter corpo. No entanto, o vento argumenta que é preciso apenas um dedo ou um pé para impedi-lo.

Em suma, a natureza cria tudo como deve ser para cada um. Nada é melhor do que o outro. É apenas o que cada um precisa para ser.

Desperdicei muitos esforços tentando ser diferente de quem eu sou. Persegui coisas externas como lugares da moda, restaurantes, parceiros bonitos e bem-sucedidos, uma boa posição profissional, viagens, carro do ano, apartamento, sempre buscando códigos que me colocassem numa narrativa ideal, típica da pessoa que deu certo na vida.

Esgotei meu corpo. Fiz exercícios, não para ter uma vida saudável, me exercitei para buscar boa forma; fiz procedimentos estéticos, busquei incessantemente uma cor diferente da minha embaixo do sol; sempre quis ter cabelos diferentes do meu tipo. Tenho um corpo com mais formas, mas sempre busquei ter um mais magro, mergulhei em dietas pesadas só porque queria ficar três quilos abaixo de meu peso.

Sobrecarreguei minha mente atrás de conhecimento. Busquei formações, cursos, filmes, livros, para parecer intelectualmente evoluída. Criei conceitos, metas, controles, tentei encaixar meus saberes em narrativas descoladas, tentei dominar tudo o que podia para que as coisas não saíssem de controle.

Terminei descontente. Tentei mudar a mim mesma porque gostaria de caber em um padrão sintético porque simplesmente não via valor naquilo que foi criado para que eu desfrutasse do mundo como ele é.

Descobri também que isso não acontece por acaso, que não acontece de forma aleatória. Assim, como as manipulações com que tanto nos preocupamos no mundo virtual, as manobras para convencer que você precisa ser uma coisa em detrimento de outra existem porque há um sistema preparado para nos conduzir a esse estado de frustração, e assim, nos manipular para nos comportarmos e consumirmos o que for necessário para essa sensação passar.

Peter Senge, autor do livro a *Quinta Disciplina* e *Rethink the System* (Repense o Sistema) nos faz um alerta: ao contrário do que muitos dizem, que nosso sistema social é falido, não funciona, está fadado ao fracasso, ele anda muito bem. "O sistema não quebrou, ele nunca deu errado, ele simplesmente foi desenhado para isso".

Essa ideia de que estamos sendo induzidos e manipulados para nos tornarmos seres inconscientes, vivendo em estado de desequilíbrio constante, distantes dos fluxos naturais, é um alerta para que reforcemos nossa postura mais ativa no mundo.

Precisamos ter consciência desse tipo sutil de manipulação. Assim, precisamos estar atentos ao nosso corpo interno, a nossa intuição, precisamos estar com os sentidos apurados para não nos deixarmos ser levados pelo sistema.

"Tome posse de si ou vão tomar posse de você".

Ativismo

Ativismo significa defender algo. No sentido filosófico, pode ser descrito como qualquer doutrina ou argumentação que privilegie a prática efetiva de transformação da realidade em detrimento de atividade exclusivamente especulativa.

Muitas vezes, o termo ativismo é usado como sinônimo de manifestação ou protesto. Nas ciências políticas, também pode ser sinônimo de militância, particularmente por uma causa.

Embora ativismo seja uma palavra em voga, e sempre muito relacionada à política e com o que queremos defender como valor individual e coletivo, pode também ser uma postura presente em nosso dia a dia para que possamos defender nossos direitos individuais e coletivos.

Ativismo pode ser o meio onde as pessoas praticam sua cidadania para transformar não só o lugar onde vivem, mas a si mesmos.

Em qualquer sociedade democrática, trabalhar ativamente por um mundo melhor é visto como fundamental para as gerações do presente e também as que estão vindo por aí.

Essa postura de esperança ativa precisa estar presente em nós a qualquer momento de nossa vida, seja aos 16, seja aos 91 anos. Se estivermos vivos, precisamos estar atentos a nossos direitos, ao direito de ser quem se deseja ser.

Greta Thunberg, 16 anos, natural de Estocolmo, é uma ativista ambiental sueca. Considerada personalidade do ano pela revista americana Time em 2019 por seu discurso que correu o mundo na ONU, Greta nos desafiou com sua fala curta, afiada e poderosa na abertura da Cúpula Climática, acusando os políticos, os empresários e os adultos de não agirem para conter a mudança climática:

> Pessoas estão sofrendo, morrendo, ecossistemas inteiros estão entrando em colapso, temos extinções em massa. E vocês vêm aqui falar de contos de fada de dinheiro e eterno crescimento econômico. Como ousam?
> Vocês estão nos deixando na mão. Mas os jovens estão começando a entender a traição de vocês. Todas as futuras gerações estão de olho em vocês. Se escolherem nos deixar na mão, aviso: nunca os perdoaremos. Não deixaremos vocês fazerem isso. É aqui e agora que damos o basta. O mundo está despertando. E a mudança está chegando, quer queiram ou não.

Joanna Macy, 91 anos, doutora em filosofia, autora de diversos livros, uma voz mundialmente respeitada pelos movimentos de paz, justiça e ecologia, apresenta em seu livro *Esperança Ativa* o que é preciso para garantir uma postura ativista no mundo:

> Ampliar nossa experiência de quem somos (nos sentirmos mais conectados), ouvir o chamado da ação e atendê-lo, entender 'poder' como verbo, buscar uma experiência mais rica em comunidade (encontrar grupos em que nos sentimos em casa), construir uma visão mais ampla do tempo, reconhecer nossa ancestralidade como aliado e capturar uma visão mais inspiradora do mundo são alguns exemplos de condições que precisamos criar para deixar nossa voz ecoar na construção de um novo mundo.

Uma postura ativista é um estado de espírito que não podemos deixar se perder. Eu mesma, estou aprendendo recentemente que minha voz importa e qualquer movimento, por menor que seja, pode transformar e tocar o espírito de alguém.

O livro que você está lendo agora foi uma das formas que eu encontrei de dar voz àquilo que eu acredito que deva ser multiplicado, mas qualquer outra ação, que impacte ao menos uma única pessoa, já é também um movimento que importa e precisa ser incentivado.

Seja qual for a causa que deseja abraçar, não perca tempo! Lutar para vivenciar um novo mundo traz mais significado e propósito para nossas jornadas.

E aí, o que estamos esperando?

Resistência

Como indivíduo, eu preciso ter um microcosmo dentro de mim. Só assim posso conectar com o todo e criar a resistência para permanecer.

Para resistir, é preciso ter uma base, é preciso apurar nossa forma de olhar o mundo e construir a confiança que precisamos para transformar.

Wangari Maathai é um símbolo de luta que nos relembra como é importante resistir.

Nascida em 1940, em Nairóbi, no Quênia, foi a primeira mulher africana a ganhar o prêmio Nobel da Paz em 2004. Ela foi premiada por sua incessante luta contra o desmatamento, um fator de pobreza e instabilidade na África. Foi criadora do projeto Cinturão Verde em seu país, com a intenção de promover e proteger a biodiversidade africana, criando empregos, particularmente em áreas rurais e promovendo o papel da mulher na sociedade. Seu movimento também plantou mais de 50 milhões de árvores na África.

Maathai é símbolo de resistência e transformou sua realidade em todos os sentidos. Menina pobre de uma pequena região da África, conseguiu uma bolsa de estudos fora do país e se tornou professora. Foi ela também que me ensinou um pouco mais sobre o conceito do ecofeminismo.

Mesmo que criticado por alguns pensadores por concentrar demais uma conexão mística entre a mulher e a natureza, o ecofeminismo é visto como um movimento que liga a mulher à ecologia.

O termo se disseminou em meados dos anos 70 no livro *Le feminisme ou la Mort* da ativista e escritora francesa Françoise d'Eaubonne.

Segundo Vandana Shiva, indiana, física, ecofeminista e ativista ambiental, "as mulheres têm uma conexão especial com o meio ambiente através de suas interações diárias e esta ligação tem sido ignorada."

As mulheres em economias de subsistência que produzem "a riqueza em parceria com a natureza, tornam-se especialistas no conhecimento holístico e ecológico desses processos que foram orientados através dessa relação."

No entanto, ela reconhece que

> estes modos alternativos de saber não são reconhecidos pelo paradigma reducionista capitalista e não há um movimento de legitimação da conexão da vida dessas mulheres com o conhecimento produzido e a criação de riqueza.

O ecofeminismo é um movimento de resistência ao negacionismo dos saberes empíricos dessas mulheres. E resistir, nesse sentido, é dar voz às injustiças, é relembrar que precisamos redesenhar as narrativas para garantir um mundo mais justo e coerente.

Para resistir é necessário união, coragem e potência. E os movimentos de resistência serão cada vez mais necessários em um mundo em que os principais valores parecem estar na contramão dos fluxos naturais.

Talvez toque seu coração, talvez não, mas questionar o que é estabelecido é um ato de coragem que precisa ser estimulado. Não há dúvida de que esse convite para a ação é mais do que necessário, mas é preciso reconhecer que todo movimento precisa também contar com um processo de elaboração profundo e potente.

Entendemos o papel de se posicionar para garantir que sejamos autênticos em um mundo que parece perdido e confuso. Porém, em um mundo dominado pelo patriarcado, pela energia masculina, pela força da ação e pela busca imediata de solução, qual será o papel do resgate da energia feminina em nossa sociedade?

RESGATE DO FEMININO
a importância da descolonização

É DOLORIDO RECONHECER QUE nascemos sob a narrativa que é contada do ponto de vista dos homens há pelo menos cinco mil anos. O homem narra a história como se ele fosse absoluto e, sem consciência, coloca a força do feminino e a experiência de ser mulher completamente invisibilizada em lógicas que nos oprimem e enfraquecem essa força tão fundamental.

Essa perspectiva é tão viva que está presente desde situações muito sutis até em situações de extrema violência como a legitimação de um homem poder "usar" o corpo de uma mulher sem autorização.

Sou uma pessoa muito ligada a temas holísticos como o tarô, o horóscopo, a numerologia, as grandes histórias mitológicas, porque acredito que tenham muito a nos dizer sobre os grandes arquétipos da humanidade que acabam sendo representados pela maioria de nós.

E uma descoberta sobre narrativas patriarcais me chamou bastante atenção nos últimos tempos me mostrando claramente essa presença mesmo em temas tão sutis e aparentemente irrelevantes.

Meu ascendente é Virgem. Ele é o sexto signo astrológico do zodíaco, situado entre Leão e Libra e associado à constelação de Virgo. Seu símbolo é uma virgem.

É o único dos 12 signos representados por uma mulher.

Entre os vários mitos que envolvem a figura da mulher virgem, o mais comum está relacionado a Perséfone (mitologia grega), deusa da inocência, da pureza e da colheita (o signo de Virgem está associado à terra e à fertilidade).

As associações mais diretas ao arquétipo dessa mulher são a razão, a prudência, o espírito metódico e a organização. Em sites que falam sobre os signos, é muito comum encontrar interpretações como essa: "Virgem também é o signo mais leal com quem ama de verdade, familiares, amigos e nos relacionamentos amorosos. O amor de Virgem é baseado na verdade e na maturidade".[6]

Pois é, por mais que essa seja uma interpretação generalista, ela fala sobre uma forma de comportamento. Nós, sempre rodeados de narrativas, histórias, lendas e mitos vamos absorvendo essas noções, que, de alguma forma, nos ajudam a moldar quem somos ou quem gostaríamos de ser.

Quando me casei pela primeira vez, queria muito que aquela relação fosse baseada nos códigos do amor de Virgem que li quando era adolescente: o amor baseado na verdade, na lealdade e na maturidade.

E me esforcei muito para que desse certo, mas inexplicavelmente meu corpo jovem de uma menina que tinha se casado aos 20 anos desejava outras coisas também como: deter conhecimento, ser livre, viajar pelo mundo, se conectar a outras histórias que não fossem somente aquelas que se passavam dentro de casa.

Relendo hoje essa descrição, foi fácil capturar a presença do olhar masculino sobre o feminino. A clássica expectativa de um homem sobre a mulher na era patriarcal. A descrição da perfeição segundo eles: uma virgem, resguardada, pura, amorosa, e ainda, organizada. Ou seja, uma perfeita dona de casa que fica esperando seu marido com a comida pronta em cima do fogão e totalmente disponível para amá-lo como se fosse o último biscoito do pacote.

Recentemente, em uma sessão com minha astróloga, estudiosa do tema, e que hoje considero amiga, ela resolveu falar sobre o signo de Virgem, e ali, eu percebi o quanto a narrativa masculina molda e confunde nossa experiência de ser mulher:

Virgem é um signo muito mal interpretado. Esse signo é muito mais ligado à alquimia, à feminilidade sagrada, do que sobre ser metódico e organizado. É sobre a história do que é ser uma sacerdotisa, sobre o que é ser uma deusa.

Originalmente, as sacerdotisas não têm nada a ver com castidade, como foi deturpado na era patriarcal através do judaísmo e do cristianismo. É um signo que traz a energia necessária nos tempos atuais porque traz a potência da energia feminina, a ideia da elaboração, do sentir, da intuição. As virgens eram mulheres livres e optavam por não terem família e namorarem quem elas desejassem, homens ou mulheres, podendo ser inclusive, mais de um ao mesmo tempo.

Eram mulheres que serviam ao mundo. Entendiam de oráculos, poções, remédio e atendimentos de saúde, mas também eram matemáticas, cientistas, astrônomas, astrólogas e filósofas.

Se essa história me tivesse sido contada antes, com certeza, eu teria me frustrado menos em relação ao meu papel de mulher. Não há dúvidas de que essa narrativa tem muito mais a ver comigo e como eu sinto o mundo e com a mulher que existe dentro de mim.

Esse é apenas um exemplo da distorção das narrativas do sistema patriarcal e da importância do reequilíbrio entre as forças femininas e masculinas. Mas existem muitos outros extremamente violentos que precisam ser revisados com total urgência para que possamos entender melhor o papel da mulher e da energia feminina em nosso dia a dia.

Morena Cardoso, fundadora da Danza Medicina, especialista em processos de desconstrução dos corpos em uma perspectiva de saberes ancestrais nos conta outros exemplos de narrativas masculinas que moldam nosso pensar feminino:

Somos regidas por um Deus homem.

Nos contaram que viemos da costela de Adão, mesmo sabendo que quem tem útero e gera a vida é a mulher.

Pitágoras, conhecido como o "pai da matemática", filósofo, astrônomo e músico grego pré-socrático registrou o seguinte pensamento: "Existe o princípio do bem, que criou a ordem, a luz e o homem; e o princípio do mal que criou o caos, as trevas e a mulher."

Aristóteles, reverenciado como o pai da filosofia ocidental, também constrói uma narrativa masculina sobre a posição das mulheres no reino dos homens: "no que diz respeito aos animais, o macho é por natureza o superior e o dominador; e a fêmea é, por consequência, inferior e dominada. E o mesmo deve-se aplicar ao mundo dos homens."

Sem contar que o termo vagina foi cunhado por um homem, o anatomista alemão Johann Vesling (1598-1649) que usou a palavra vagina pela primeira vez para descrever o órgão sexual feminino em 1641, como uma referência à "bainha que cobre a espada", ou seja, o pênis sendo envolvido pela vagina, durante o ato sexual.

Mergulhando nos nomes que descrevem a pélvis feminina, é possível encontrar o sobrenome de muitos homens que se marcaram em nós. Saco de Douglas, as glândulas de Bartholin, as trompas de Falópio, e o fantástico ponto G (de Grafenber).

Como pode os homens se imortalizarem dentro do corpo da mulher? Homens brancos que foram anatomistas e já morreram deixando o resquício da narrativa opressora sobre esse corpo que sequer são capazes de sentir.

As curandeiras mulheres, que detinham o saber do corpo feminino, da natureza, das plantas, do aborto foram perseguidas como bruxas e queimadas em fogueiras pelos homens, como uma forte demonstração de desautorização discursiva e detenção do poder.

E não é só de mortais que estamos falando, os deuses também estão gravados nas mulheres. O deus grego do casamento, Hímen, que morreu na noite de sua boda, deixou seu nome para uma estrutura anatômica exclusivamente feminina.

Gosto dessas histórias para falar sobre a importância da revolução feminista tão questionada nos dias de hoje. O movimento feminista não é uma guerra dos sexos sobre quem tem o poder ou quem é melhor, mas sim sobre reorganizar narrativas e reintegrar duas energias potentes que dependem uma da outra para existir.

É sobre equilíbrio que precisamos falar e essa é uma discussão urgente.

O patriarcado

Sistema social em que homens mantêm o poder primário e predominam em funções de liderança política, autoridade moral, privilégio social e controle das propriedades.

Do ponto de vista familiar, "o grande pai" mantém a autoridade sobre as mulheres e as crianças.

Em muitos casos, são sociedades patrilineares, garantindo que a propriedade e o título sejam herdados de homem para homem, descendência exclusivamente masculina.

O patriarcado tem se manifestado em uma gama de diferentes culturas pelo menos nos últimos cinco milênios. Impérios como China, Índia, Grécia e Roma foram sociedades muito fortes no fortalecimento do sistema patriarcal.

O islamismo, hinduísmo, confucionismo, judaísmo e cristianismo também foram religiões que detiveram uma narrativa patriarcal como arcabouço cultural que moldam nossas sociedades até os dias atuais.

Ou seja, praticamente não há para onde correr. O que temos de literatura, religião e cultura disseminados nos dias de hoje parte do princípio do olhar de um homem.

O interessante é que essa condição que está instalada há milhares de anos não é, de forma nenhuma, culpa dos homens que estão presentes em nossa sociedade hoje. Não foram nossos pais, avôs, bisavôs, parceiros ou amigos que criaram essa condição.

Mesmo que muitos se beneficiem dela, o patriarcado também intensificou o desequilíbrio na própria energia masculina. E quando se estuda sobre a experiência do homem nessa sociedade é possível reconhecer, em muitos deles, homens machucados e pressionados por uma sociedade que os cobra a serem aquilo que, muitas vezes, eles sequer têm condições de suportar.

O arquétipo do guerreiro ferido, frustrado, infeliz, amarrado a crenças de potência e necessidade de prover, também é uma armadilha que os coloca acuados, agressivos, sempre temendo o fracasso de não serem perfeitos, provedores e "alfa".

Esse desequilíbrio em nossa sociedade causa muita dor e, com certeza dados como os seguintes não os fazem orgulhosos. Um levantamento do Datafolha feito em fevereiro de 2019 apurou que:

> nos últimos 12 meses, 1,6 milhão de mulheres foram espancadas ou sofreram tentativa de estrangulamento no Brasil, enquanto 22 milhões (37,1%) de brasileiras passaram por algum tipo de assédio. Dentro de casa, a situação não foi necessariamente melhor. Entre os casos de violência, 42% ocorreram no ambiente doméstico. Após sofrer uma violência, mais da metade das mulheres (52%) não denunciou o agressor ou procurou ajuda.

Já existem alguns movimentos dos próprios homens em reconhecer que esse desequilíbrio também é uma dor e uma responsabilidade que eles precisam lutar para mudar. Todo mundo está ferido, o abusador e a abusada.

Em 2016, foi lançado um documentário baseado em pesquisa que escutou mais de vinte mil pessoas do sexo masculino. Ele mostrou que sete em cada dez homens não falam sobre seus maiores medos e dúvidas com os amigos:

> É preciso coragem para abrir nosso coração aos outros e expor nossa vulnerabilidade. Podemos parar de nos esconder e de temer que alguém possa ver quem realmente somos, porque estaremos escolhendo ser vistos.

Esse trecho foi publicado no livro *Um Coração Sem Medo*, de Thupten Jinpa, e abre o documentário *O Silêncio dos Homens* que propõe diálogos para uma compreensão mais profunda sobre dores e dificuldades masculinas.

Precisamos urgente de um masculino em compreensão de um feminino, e vice-versa; reconhecer que as forças da energia masculina como a ação, a realização e a potência precisam estar em consonância com a energia da elaboração e do sentir feminino.

O homem e a mulher são interdependentes e serão juntos alicerce para qualquer base de um novo mundo.

A energia do feminino: o campo da elaboração

A revolução feminina não será suportada pela potência da ação masculina. Não será através da luta, da guerra e da competição. Ela será conduzida pela grande força oculta dessa sabedoria sagrada.

A cura do feminino não está no ataque ao masculino, mas sim, no resgate da energia feminina presente em nós mulheres, mas também, presente dentro de cada homem.

Certa vez, tirei uma carta que se chamava "O Encontro" no *Oráculo da Mulher Selvagem*, tarô produzido por Jennifer Perroni, orientado pela jornada ao encontro do feminino sagrado.

Na intepretação dessa carta, havia o seguinte trecho:

> cada pessoa traz dentro de si tanto a energia feminina quanto a masculina, o yin e o yang, ação e reação, o quente e o frio, o começo e o fim. O equilíbrio entre essas polaridades internas se expressa externamente na qualidade das nossas relações... Todo relacionamento entre duas pessoas envolve pelo menos quatro pessoas se considerarmos o masculino e o feminino que existe dentro de cada um. E uma dança a quatro torna-se muito mais desafiante do que dançar a dois. Imagine combinar quatro pares de pés em um mesmo ritmo?

A grande qualidade da energia feminina é a capacidade de elaboração. O princípio feminino carrega qualidades fundamentais para o momento acelerado e de intenso movimento que vivemos hoje.

O feminino está ligado à vida, à fertilidade, ao despertar para a luz do dia e à experiência de estar vivo. Está ligado ao sentir, a intuição, ao estado de presença e à contemplação. Também é associado à terra.

Gaia na mitologia grega é a Mãe, como elemento primordial e latente de uma potencialidade geradora imensa.

A mulher nos tempos matrísticos (termo utilizado para marcar uma sociedade onde o masculino e o feminino viviam em cooperação, sem hierarquia e sem controle de autoridade) detinha a sabedoria da terra: "Hora de colher! Hora de plantar!" e o homem detinha a ação potente para realização.

Nos dias atuais, a energia feminina nunca foi tão necessária. Além de carregar a força do sentir, do intuir, é capaz de fazer as grandes transformações para ajudar a reencontrar o equilíbrio que tanto precisamos.

Uma das grandes chaves para recuperarmos nossa capacidade de sentir e elaborar em detrimento de apenas agir sem planejamento é parar de responder às mesmas perguntas, e ter coragem de quebrar paradigmas e elaborar novas questões.

Ao invés de trabalharmos com o gatilho da ação, do movimento (base da energia masculina), que tal reavaliarmos o ponto de partida? Ao invés de carregarmos sempre as mesmas perguntas dirigidas à ação: o que fazer? O que mudar? Como solucionar? Como seria se questionássemos: o que eu sinto? O que eu faço para sustentar essa condição?

"Como eu resolvo?" é sempre uma questão de origem masculina, que caminha para uma solução que nos últimos tempos mais parece uma questão paliativa e mais equivocada do que ações baseadas em uma condição de elaboração e sustentabilidade.

O feminino é a busca pelo cerne da questão, perceber a experiência de forma integrada, para, aí sim, seguir com a ação e a direção em comunhão com a energia masculina.

Só existirá uma revolução se estivermos juntos.

O yin e yang talvez seja o princípio da filosofia chinesa que mais nos ajuda a explicar que não existe luz sem escuridão, força sem fraqueza, alegria sem tristeza, bem sem o mal, e obviamente, não existe feminino sem masculino ou vice-versa. Não existe a presença de uma energia se não houver o conhecimento da outra.

Nossa sociedade vive profundamente o conceito das polaridades. Estamos o tempo todo em condição de competição. Precisamos ser o tempo todo uma coisa ou outra. Sentir uma coisa ou outra. Ser de direita ou de esquerda. Ser uma pessoa feliz ou triste.

Enquanto sociedade, homens e mulheres precisam embarcar juntos na busca pela integração dessas energias tão potentes e tão complementares.

A entrevista da antropóloga Mirian Goldemberg no documentário *O Corpo é Nosso* produzido em 2019 pela cineasta e roteirista brasileira Theresa Jessouroun reforça a importância de homens e mulheres atuarem juntos nas mudanças que são urgentes para nossa sociedade.

> A revolução feminista dos anos 70 foi muito bem-sucedida.
> O grande símbolo dessa liberdade foi Leila Diniz quando foi à praia de biquíni com sete meses de gravidez. Naquela época as mulheres usavam bata para esconder o corpo, ela foi à praia com um biquíni velho, orgulhando-se do seu corpo, mudando a tônica da beleza feminina.
> Ela não era exatamente um símbolo de beleza, ela era um símbolo de liberdade.
> O desejo masculino também estava cansado daquela mulher recatada que sempre estava pronto para atendê-lo.
> Esse foi um momento único porque homens e mulheres tinham uma parceria. A mulher estava apoiada pelo homem.

Essa ideia é apenas uma forma de reforçar a importância da presença de todos na luta pela revolução feminina. É um movimento onde ninguém tem a perder, todos têm muito a ganhar.

Descolonizar as narrativas é uma questão urgente, sem dúvida, além de que reposicionar o gênero feminino e seu valor em nossa sociedade com certeza impactará profundamente na relação com nosso corpo, que, aliás, é outra provocação fundamental para que possamos desconstruir tabus e preconceitos tão danosos para a maneira com que nos apresentamos ao mundo e para a nossa própria autoestima.

Fonte: Personare.

CORPO
reconexão e liberdade

MEUS ÚLTIMOS 30 ANOS foram marcados por uma relação dolorida com meu corpo. Qualquer lembrança desse tema em qualquer idade que eu me recorde sendo uma menina ou uma mulher vem carregada de emoções de inadequação e descontentamento com minha própria forma.

Assistindo a um vídeo na internet sobre descolonização do corpo feminino de Morena Cardoso, ouvi um trecho que serviu como base para eu tentar descrever aquilo que senti por tantos anos:

> ...ou ele é um corpo plastificado ou um corpo que se renega, um corpo pasteurizado, um corpo domesticado, um território colonizado, um corpo sem gozo, um corpo sem pelo, sem muco, sem sangue, um corpo obediente ou um corpo anestesiado. Um corpo passivo, um corpo objeto, um corpo mecânico, um corpo que serve ao trabalho, um corpo que serve ao sistema. Um corpo inferior ao intelecto e ao espírito.

Ao longo de minha vida, estabeleci uma relação de desconforto contínuo com minha imagem, e hoje, reconheço como essa relação minou minha energia e a potencialidade de uma boa autoconfiança e autoestima.

Não houve uma vez sequer que me olhei no espelho e pensei: "Nossa, como eu sou perfeita do jeito que eu sou". Todas as vezes que parei em frente ao espelho nos meus últimos anos foi para enxergar algum defeito que eu achava que meu corpo apresentava.

Lembro que aos 13 anos comecei a sofrer com as primeiras estrias, depois passei a me incomodar com as espinhas, os cravos, com o nariz que não era fino, depois com o cabelo que não tinha volume, os pelos foram crescendo e passaram a ser problema e ainda tinha problemas com minha altura...

Menstruar também foi um desconforto em meu corpo por anos. Entendia aquele período todo mês como um processo que me enfraquecia, me deixava com cólica, limitações, como se fosse ruim ser mulher e ter seu ciclo...

Na fase adulta, me incomodei com meu peito que era pequeno, com uns quilinhos a mais, com minha sobrancelha que não era perfeita, com a barriga que parecia grande, com as unhas, com os meus lábios que não eram tão carnudos, com os pneuzinhos que se formavam sobre a calça jeans... Me incomodei profundamente com meu pé que não achava bonito o suficiente.

Conforme fui ficando mais velha, passei a ter medo de envelhecer e me incomodei com as primeiras rugas e vincos no rosto, as pálpebras caídas, com o tom da pele do rosto, as manchas, as celulites, o ressecamento...

Com um pouco mais de dinheiro, comecei a querer fazer transformações aleatórias no meu corpo: mudar a cor do cabelo, colocar silicone, tomar inibidores de apetite, fazer dietas que me adoeciam, investir em cremes que faziam promessas milagrosas, ir para a academia para tentar criar uma nova forma para meu corpo natural.

A armadilha estava preparada. Passei praticamente uma vida inteira insatisfeita e investindo dinheiro para corrigir os defeitos que eu enxergava a todo momento.

Com medo de estar fora do padrão, com medo de envelhecer, com medo de engordar e sem nenhuma autoestima, tornou-se impossível para mim ser propulsora de qualquer tipo de revolução.

Fui refém de minha própria imagem e julgadora constante de meu próprio corpo. Quanto tempo foi gasto com pequenos detalhes, minúcias que foram minando meu amor-próprio.

Tenho certeza de que esse depoimento sobre a relação com meu corpo não é um caso isolado e também tenho total convicção de que esse drama também não pertence apenas às pessoas que estão "fora do padrão" ou que carregam algum tipo de limitação física.

É a realidade da maior parte das mulheres que eu conheço.

Para a jornalista Nami Wolf, autora do livro 'O Mito da Beleza', essa condição se dá

> porque o culto à beleza e à juventude da mulher é estimulado pelo patriarcado e atua como mecanismo de controle social para evitar que sejam cumpridos os ideais feministas de emancipação intelectual, sexual e econômica conquistadas a partir dos anos 1970.

Ou seja, a tirania do mundo da beleza tem uma função opressora que nos perturba e nos desempodera e é sobre essa relação que precisamos falar para criar um fluxo de mais amor e aceitação com nosso corpo.

Como um primeiro ato revolucionário para desenhar um novo mundo, precisamos começar a nos amar incondicionalmente, e para isso, precisamos desconstruir essa narrativa que nos doutrina e suga nossa energia.

Nossa aparência não nos define.

A referência imposta

Inicialmente estudado como um corpo biológico, o corpo rapidamente ganha status e se configura como "corpo cultural". Assim, se estabelece a pretensão de se fabricar e educar o corpo para que ele possa viver em sociedade.

Essas referências propostas estão marcadas por diversas imposições que vão delimitando nossa capacidade de sermos nós mesmas. O corpo dócil através da disciplina e a perspectiva eurocentrista que define nossos estereótipos são algumas dessas imposições que precisam ser entendidas, e consequentemente, desmanchadas para que possamos tomar posse da nossa própria alma.

O corpo dócil através da disciplina:

Como instrumento, nossa sociedade deseja um corpo dócil, domesticado, preparado para servir sem ameaçar, interditando nosso corpo de expressar nossa sexualidade, do desejo de mostrar-se realmente quem se é.

Dócil é aquele que aprende com facilidade, que se submete a alguém ou algo sem oferecer resistência, uma pessoa mansa, domesticada.

Em *Vigiar e Punir*, obra clássica de Foucault,

> a disciplina fabrica corpos submissos e exercitados, corpos "dóceis". A disciplina aumenta as forças dos corpos (em termos econômicos de utilidade) e diminui essas mesmas forças (em termos políticos de obediência) [...] a coerção disciplinar estabelece no corpo o elo coercitivo entre uma aptidão aumentada e a dominação acentuada.

Nesse sentido, perdemos por completo nossa conexão mais visceral com o corpo, e por consequência, nos perdemos de nós mesmos, deixando para trás a noção de liberdade e aparentemente nos tornamos bons trabalhadores.

Esvaziados de sentido, o corpo deixa de ser um espaço de luta e torna-se uma ferramenta de desempenho econômico nas sociedades capitalistas.

Reconectar-se com o corpo é uma prioridade para resgatar a essência de nossa humanidade.

A perspectiva eurocentrista que define nossos estereótipos:

O eurocentrismo é uma visão de mundo que tende a colocar a Europa (assim como sua cultura, seu povo, suas línguas etc.) como o elemento fundamental na constituição da sociedade moderna, sendo necessariamente a protagonista da história do homem.[7]

Resumidamente, trata-se da ideia de que a Europa é o centro da cultura do mundo.

Essa visão centrada em valores europeus também suporta a visão colonizadora e racista que ainda está presente na maioria das sociedades modernas do mundo globalizado.

No fundo, essa visão influencia a própria maneira como nossa história é contada. É comum ouvir que foram os europeus que "descobriram" o continente americano e isso quase nos faz acreditar que esse continente não existia antes de Américo Vespúcio chegar até lá...

Assim, a história de nosso próprio Brasil, fica subjugada à ideia de que foi descoberto por Pedro Álvares Cabral e que não existia nada de relevante aqui antes dessa data.

No entanto, esse não é o único efeito colateral dessa visão estrangeira. Por conta dela, construímos um estereótipo de corpo e de beleza que nos esmaga: **espaço de apropriação do corpo a partir de uma visão masculina e branca.**

Não há nada de mais triste do que o padrão de beleza de seu país não representar a típica mulher local.

No Brasil, a referência de beleza passa fortemente pelo viés do estereótipo da mulher europeia com uma mistura do olhar machista que busca uma mulher com bunda voluptuosa, seios fartos e quadris com curvas.

A partir dessa visão eurocentrista, corpo e território são colonizados: nossa forma, nosso cheiro, nossos movimentos, nossa música e nossa dança não nos pertencem mais.

Atrizes do cinema estrangeiro como Audrey Hepburn, Marilyn Monroe, Brigitte Bardot tornam-se referências imortalizadas do que chamam de beleza clássica: mulheres brancas, com cabelos lisos, reforçando a elegância através de corpos cada vez mais magros com movimentos docilizados e sempre sexy.

Nos anos 80, modelos como Cindy Crawford, Linda Evangelista e Luiza Brunet marcam o imaginário da beleza com um ideal de corpo mais forte e esbelto, fortalecendo a imagem de uma mulher com atitude.

Tudo isso é intensificado com a chegada de artifícios tecnológicos que manipulam as imagens criando ainda padrões de beleza que praticamente não são reais.

Desconstruir esses ideais estéticos é urgente para quem quer se aceitar e se amar. Como é possível ser livre se estamos presos a padrões inalcançáveis que nos deixam completamente exaustos? Como estar felizes se estamos completamente insatisfeitos com nosso próprio corpo? Como ter prazer diante de tanta frustração?

A abordagem racista que está presente nos discursos eurocentristas

Os negros vêm sendo dilacerados por uma narrativa que não os inclui.

De caráter estrutural e sistêmico, a desigualdade entre brancos e negros no Brasil é inquestionável e persiste em nossa sociedade nos dias de hoje.

Na busca por uma sociedade mais igualitária, é fundamental reconhecer que as narrativas eurocêntricas estereotipam e discriminam a população negra e é dever de todos desconstruí-las.

Segundo matéria apresentada pelo Observatório de Educação[8], Kabengele Munanga, antropólogo e professor da Universidade de São Paulo (USP), acredita que

> parte da mudança está na desconstrução do mito da superioridade branca e da inferioridade negra e ameríndia que atravessa todos os campos da educação, informação e imagem, reproduzidas cotidianamente e interiorizadas por toda a sociedade.
>
> Só a própria educação é capaz de desconstruir os monstros que criou e construir novos indivíduos que valorizem e convivam com as diferenças.

Sendo negro ou não, todos nós devemos promover essa igualdade. Praticar o antirracismo é uma atitude obrigatória para quem deseja experienciar um novo mundo.

Corpos Femininos Tolhidos

> Um âmago vazio, um sótão,
> Um âmago pontiagudo na escuridão,
> Algo invisível para os olhos,
> É um lugar de vazio e de potência
> É um lugar de perda e de infinitas possibilidades,
> É um lugar de fim e de eterno recomeço.
> Onde foi parar esse corpo de mulher?

Esse é um poema escrito por Virginia Woolf, escritora que no início do século XX passou a refletir sobre os temas que são debatidos hoje. Woolf é referência de escritora mulher que lutou para dar voz às dores femininas em uma época que falar sobre esse assunto era como ter que falar com o vazio.

Woolf dizia que toda mulher que se propõe a escrever precisa matar o "anjo do lar" que foi colocado dentro de nós através das narrativas masculinas que desejam nos domesticar.

> Fiz de tudo para esganá-la. Minha desculpa, se tivesse de comparecer a um tribunal, seria legítima defesa. Se eu não a matasse, ela é que me mataria. Arrancaria o coração de minha escrita. Pois, na hora em que pus a caneta no papel, percebi que não dá para fazer nem mesmo uma resenha sem ter opinião própria, sem dizer o que a gente pensa ser verdade nas relações humanas, na moral, no sexo.

Quando se mergulha no processo de domesticação de nosso corpo, é possível perceber diversos caminhos presentes com o objetivo de calar a voz e o entusiasmo feminino, e talvez um dos mais cruéis seja o desejo de tolher o prazer da mulher.

Entre culturas que até recentemente arrancavam o clitóris da mulher ou culturas que erotizam o prazer feminino para que ele se torne um desvalor fomentando a indústria pornográfica, passamos por muitas práticas que distanciam a mulher de seu centro criativo e de poder.

Um tema que me chamou muito a atenção recentemente, entre essas práticas abusivas que distanciam a mulher de sua fonte de criação, foi sobre o parto orgástico.

Tive um filho com 21 anos em um parto extremamente doloroso. Junto com o momento do nascimento de meu filho, que hoje entendo que deveria ter sido um momento de extremo prazer, carreguei presa ao meu corpo uma nuvem de medos e angústia que circundavam minha mente no momento em que ele nascia.

Entrei em trabalho de parto em um corpo saudável na noite anterior ao nascimento de Gabriel, mas a verdade é, que conforme as contrações foram aumentando, meus medos e todas as repressões que vivi desde a infância foram se manifestando e comecei a sentir muito medo de estar inadequada, de não dar conta de ser uma boa mãe, comecei a ter medo de morrer ou de ter um filho imperfeito.

Meu trabalho de parto durou quase 20 horas, e durante o processo, reconheci que meu útero enrijeceu de medo e angústia, minha dilatação que seguia muito bem cessou e tive que entrar na emergência do hospital para fazer uma cesariana.

> Para que uma mulher aceite ser mãe patriarcal voluntariamente, é preciso eliminar a libido materna, e, para isso, é preciso impedir o desenvolvimento de sua sexualidade desde a infância. Assim se consuma o matricídio histórico, somatizando-se no corpo de cada mulher, geração a geração.

O trecho acima é de Casilda Rodrigáñez Bustos – no livro *Pariremos com Prazer* – e a escritora feminista levanta discussões sobre a maternidade e a contribuição do patriarcado para a desconexão da mulher com seu corpo e sua natureza.

Nesse sentido, é possível perceber como é urgente reconhecer que nosso corpo precisa ser tomado de volta. Desmanchar crenças que vão contra a liberdade da mulher é fundamental para que possamos viver em mais harmonia com nosso corpo e nosso prazer.

O movimento feminista e a marcha das vadias com "Meu corpo minhas regras", surgido em 2011 em Toronto, Canadá, em resposta a uma afirmação de uma policial que justificou que os estupros contra as mulheres aconteciam por conta das roupas ousadas das mulheres culpabilizando a vítima, são exemplos de movimentos que precisam ser ampliados para fortalecer as redes de mulheres em todo o mundo e criar voz entre os homens para que nossos direitos e valores sejam incorporados em nossa sociedade.

Precisamos que todos compreendam que quando dizemos não é não. Que somos as donas de nossos próprios corpos.

Precisamos lutar pela descriminalização e legalização do aborto no Brasil e em todo o mundo. Essa é uma discussão urgente e responsabilidade de todos que querem viver em um novo mundo.

Precisamos lutar para desconstruir essas narrativas perniciosas que nos oprimem, pelas injustiças diárias, pelo reconhecimento do direito de que "quem manda no meu corpo sou eu".

Corpos masculinos sensíveis

Não são apenas as mulheres que sofrem com preconceitos e desafios em relação à aceitação do próprio corpo.

Claro que somos muito prejudicadas e temos uma luta muito profunda para desconstruir as narrativas que o patriarcado criou para podar e tolher nossa capacidade de lutar, mas atualmente já é percebida uma tendência de questionar o estereótipo do corpo masculino viril e potente, desenhado para mostrar sua força e superioridade em relação às mulheres.

Eu mesma, nos últimos anos, já tenho me interessado menos por homens com corpo escultural e mais por homens com um corpo mais natural, buscando uma experiência de maior contato e intimidade.

Os homens também vêm declarando que se sentem extremamente ansiosos e exigidos por terem que apresentar um corpo em forma, e que, não corresponder a esse padrão reduz sua autoestima e autoconfiança.

Existe um conceito nas ciências sociais que aprofunda o assunto, chamado masculinidade hegemônica, criado em 1982 pela australiana Raewyn Connell. Segundo a autora, esse conceito cria uma barreira de "proteção" entre os homens e seus próprios sentimentos.

Todo esse cenário de viver sob a base de um estereótipo parece complicar quando o assunto é sexo e performance. A indústria da pornografia, assim como causa um mal tremendo na vida da mulher, também coloca o homem em difíceis condições.

É por meio dos filmes pornográficos que os homens passam a acreditar que o sexo está diretamente ligado à performance e passam a cobrar de si algo distante da sua realidade e próximo do que veem nos atores de filmes pornôs.

De acordo com pesquisa do canal Sexy Hot, 76% dos 22 milhões de brasileiros que consomem pornografia são homens.

A falta de conexão com o corpo e a tensão em atender às expectativas que são movidas por essa indústria, coloca os homens em estado de angústia, depressão e frustração, o que muitas vezes resulta em ações violentas e sem equilíbrio.

Mas já há alguns movimentos entre artistas que colocam essa condição em xeque. Rincon Sapiência, rapper e poeta brasileiro, trouxe algumas reflexões sobre o tema em uma entrevista à revista Galileu.[9]

"Aceitar a sensibilidade masculina é uma provocação nova, e é bacana a gente reconsiderar valores", avalia.

> O rosa é uma cor bonita, usar saia é confortável, chorar é um alívio... São coisas naturais, mas que, por conta de conceitos engessados, a gente não se permite sentir, e isso faz mal para nós mesmos.

Masculinidade tóxica é um tema que precisa ser refletido, e se quisermos entrar em contato com os valores da nova era, será preciso repensar os estereótipos masculinos, reconhecer que precisamos ir além para construir uma nova realidade.

Nas redes sociais, já existe um movimento recente chamado #malebodypositivity (corpos masculinos positivos) que propõe a valorização de uma estética mais natural, menos estereotipada. É mais inclusivo, autêntico e expõe as diversidades de cada corpo, mostrando diferentes tamanhos, formas e trazendo mais personalidade e amor ao mundo dos homens.

Reconhecer a importância de reequilibrar a energia do feminino e masculino dentro de nós e tomar posse do próprio corpo é um ponto de partida fundamental para se autoconhecer, e aí sim, dar um passo em relação ao outro.

E, dessa forma, o que se deve esperar de um relacionamento quando estamos adentrando uma experiência de amor em uma nova era?

---

7 Fonte: Wikipedia.

8 *Desigualdade racial na educação brasileira.*

9 Disponível em: https://revistagalileu.globo.com/Sociedade/Comportamento/noticia/2019/08/como-estereotipos-de-masculinidade-afetam-vida-e-saude-dos-homens.html.

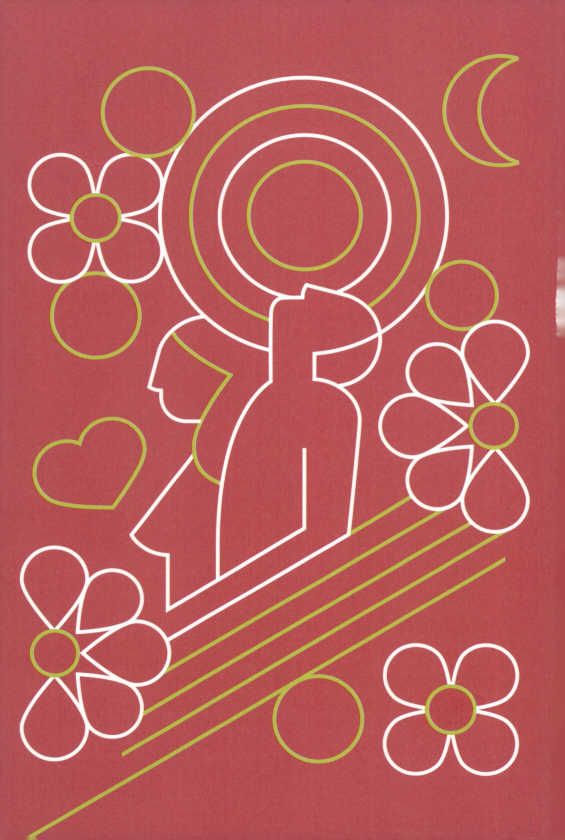

RELACIONAMENTO
o que realmente nos motiva

SE HÁ UM TEMA NECESSÁRIO, mas difícil de aprofundar, é sobre relacionamento nos novos tempos.

Uma das coisas que aprendi nesses últimos anos, conversando com muita gente, é que relacionamento não tem uma fórmula, e muito menos um modelo.

Relacionar-se é uma arte. Para Somé, em *O Espírito da Intimidade*, "existe uma dimensão espiritual nos relacionamentos, independente da sua origem. Duas pessoas unem-se, porque o espírito as quer juntas."

Sempre achei que relacionamento nasce através da ideia de "valer a pena". Você beija alguém que deu liga, que merece que role uma ficada; você fica com alguém e é tão gostoso que merece que vire um namoro; você namora alguém que é tão delicioso que merece um casamento; você se casa com alguém e é tão bom, que merece um fruto daquele casamento; e assim, que seja eterno enquanto dure.

Hoje, nem acho que as coisas precisem ser tão precisas. Aos 43 anos, mãe de um filho e depois de três casamentos, não acredito exatamente em modelos. Na verdade, acredito que existem algumas fórmulas que se desenham de acordo com a história de cada casal, mas principalmente, **acredito que a motivação que nos leva a um relacionamento é a chave de tudo.**

Nossa sociedade ainda é muito condicionada à ideia de casamento e família. Temos como ideal o amor romântico, que entrou em cena na nossa sociedade entre os anos 40, 50 (antes disso, ninguém se casava por amor).

Segundo Regina Navarro Lins, sexóloga e escritora de uma série de livros sobre relacionamentos, como o clássico dos anos 90 *A Cama na Varanda*, e outros mais atuais como *Novas Formas de Amar* e *Fidelidade Obrigatória e Outras Deslealdades*, o amor romântico é calcado na idealização, trazendo sempre uma perspectiva baseada na experiência de dois, por exemplo: as duas pessoas vão se completar; cada um vai ter todas as suas necessidades atendidas pelo outro; quem ama não sente desejo sexual por mais ninguém, e por aí vai.

E no inconsciente coletivo de muitas gerações, a mulher que não experiencia essa condição de ser amada fica às margens da sociedade.

Por mais ultrapassado que pareça, ainda existe muito forte no inconsciente coletivo a sensação de fracasso por não encontrar essa "alma gêmea".

Essa característica tende a mudar no futuro, porque estamos construindo cada vez mais uma vida com diferentes anseios, mais contemporâneos.

Para Regina,

> Estamos em busca da individualidade, o que não tem nada a ver com egoísmo. A grande viagem do ser humano é para dentro de si mesmo. Todos querem descobrir o próprio potencial a ser desenvolvido, suas possibilidades na vida.

Entregar-se a um relacionamento é um convite para a vida adulta, é mergulhar em sua intimidade e na intimidade do outro, restaurando talvez o que há de mais sagrado em nossas escolhas.

No ritmo da vida moderna, relacionamento vem se tornando um desafio cada vez mais difícil de se lidar. Ocupamos nossa rotina incessantemente com compromissos e tarefas que devem ser cumpridos a fim de nos garantir uma imagem de que somos atarefados e eficientes.

Com isso, vamos dando cada vez menos espaço aos encontros amorosos que chegam através do espírito. O que surge de moderno e muitos aderem são *scrolling downs* corridos em aplicativos de relacionamento para garantir *matches* e *dates* no final de semana, para não abrirmos aquele espaço de solidão que não se quer sentir dentro do peito (não por estarmos sozinhos, mas por todas as escolhas sem propósito que fizemos em nossa vida).

Quando já estamos com alguém, vamos tentando encaixar na rotina um convívio funcional para darmos conta de nossa rotina atribulada e, quando vemos, não temos mais aquela pessoa que escolhemos em um momento mágico em que o espírito da intimidade nos agraciou. Acabamos por suportar nossa relação.

Por isso que cada vez mais acredito que a motivação que está por trás de nossas escolhas é o ponto em que precisamos nos aprofundar, e claro, o estilo de vida que escolhemos e o quanto estamos conectados com nosso ser também será fundamental para podermos viver uma história mais plena.

Existem algumas armadilhas quando se pensa em relacionamento. E as motivações que fazem nos tornarmos reféns de nossas escolhas, aquelas que não são feitas pelo espírito, são diversas, mas as que eu mais tenho visto nos últimos 20 anos de pesquisa são: a necessidade de salvar o outro, o medo de ficar sozinha e a carência.

Salvar e ser salvo

Cuidar de alguém é tudo o que queremos quando não estamos dispostos a encarar nossos problemas.

É sublime agir em função de ajudar o outro, é praticamente um gesto livre de críticas (quem vai poder julgar se você está fazendo o bem?) e é uma fórmula fácil para justificar que está sem tempo para olhar para si. O que eu nunca tinha pensado é o quanto isso é uma das formas mais danosas para tentar iniciar ou salvar uma relação.

Uma vez, em uma sessão de terapia, meu terapeuta resolveu me contar uma parábola:

Semana passada veio um rapazinho lindo aqui no meu consultório. Ele veio me pedir ajuda, não exatamente para ele. Disse que estava ótimo, feliz, apaixonado, que iniciou um relacionamento recente com uma mulher incrível, linda, advogada, bem-sucedida... Na verdade, ele veio aqui pedir ajuda para que ele pudesse ajudar sua nova namorada: com o convívio entre os dois, ele descobriu que ela tinha uma relação muito difícil com o pai, que tinha impulsos suicidas e ligava para ela frequentemente dizendo que ia cortar os pulsos, que ia tomar mil comprimidos e sua namorada ficava mal com essa situação...

Ele fez uma pausa dramática e me disse: "Tadinho, fiquei com um pouco de dó. Mal sabe esse rapaz que sua relação acabou ali, naquele momento".

Eu ainda sem entender muito, perguntei: "por quê? O que aconteceu?"
E ele continuou:

ah, querida, naquele momento ele deixou de lado o verdadeiro significado de uma relação: o refrigério que eles construíram nos primeiros meses, encontros incríveis, transas deliciosas e trocas de experiências. Sabe para quê? Para se tornar o herói que quer salvar a vida da sua amada... Mas, infelizmente, ele vai se tornar a testemunha do fracasso dela; a relação vai ficar mais pesada, com menos brilho, e talvez ela tenha que procurar outro rapazinho para construir seu novo refrigério.

Fiquei parada por alguns segundos, respirei fundo e permaneci ali tentando entender uma mensagem tão profunda, contada de uma forma tão sutil. A ideia deliberada de salvar o outro é um gesto que vem do ego. Você se fortalece, mas enfraquece o outro dentro da relação.

Acho que entendi aonde ele queria chegar... Até porque era a mesma coisa que estava planejando naquele momento, abandonar meu espaço de refrigério que tinha construído com meu namorado para colocar luz em seus problemas e tentar salvá-lo. Em algumas situações, acredito que essas motivações já partem da própria escolha, já tinha escolhido uma pessoa com a intenção de salvá-la. Nesse caso, nem preciso dizer que minha relação perdeu completamente o brilho né? E assim, minguou...

Gosto sempre de trazer esse exemplo porque ele não fala de uma história de vitimização. Fala de uma história de pessoas potentes, que têm muita energia, mas que por algum motivo, ao invés de olharem para si, colocam toda a sua energia na mão do outro, e quando percebem, muitas vezes, estão extremamente esvaziadas.

Tenho uma forte tendência de vestir minha capa de heroína toda vez que acho que meu parceiro está precisando ser salvo. Talvez esse seja um de meus piores padrões. E, acredite, podemos cair nessa armadilha também no que se refere a amizades, e normalmente, o fim nunca é o mais promissor: perdemos grandes amigos, nos sentimos injustiçados por não termos a retribuição que imaginávamos.

Fazia isso porque acreditava que seria fundamental na vida daquela pessoa e ela nunca mais iria me esquecer, talvez porque desejava muito ser amada e achava que não seria suficiente se eu não estivesse dando algo para alguém.

Esse é um padrão difícil de lidar, é sutil, mas é destruidor para os relacionamentos. É invasivo e angustiante para o outro (ou alivia a dor em um primeiro momento), mas é sempre bom lembrar que "para todo pé descalço há sempre um chinelo velho" e não existe salvador se não houver alguém que deseje ser salvo (para quem faz isso como eu, vamos lembrar de deixar a culpa de lado).

Não existe nada mais regenerativo do que aprofundar sua motivação dentro da relação e entender o que você realmente deseja. Menos importam os acordos criados entre o casal, o ponto mais importante é se você realmente enxerga seu parceiro(a) da forma que ele/a é.

É muito comum criarmos em nossa cabeça a imagem da pessoa com que estamos nos relacionando, e muitas vezes, ela não tem nada a ver com a realidade. Já ouvi diversos relatos do tipo "fiquei casada mais de 10 anos com alguém que não conhecia". Eu, por exemplo, pisciana, já me apaixonei por hologramas que criei, e depois, quando a consciência retornou, vi que a história não era bem assim...

Fica a dica!

Medo de ficar sozinha

Se tem alguém que fala muito bem sobre esse tema é uma mulher que eu sigo, acompanho e respeito.

Brené Brown, pesquisadora como eu (ou eu como ela), vem estudando sobre comportamento por muitos anos e estudou profundamente o tema da conexão, a habilidade de nos sentirmos conectados.

Um dos pontos centrais de sua pesquisa está relacionado à "crença do não merecimento". Acreditamos que não somos suficientes, não somos magros o suficiente, divertidos o suficiente, bem-sucedidos o suficiente, bonitos o suficiente, e como não somos perfeitos não merecemos ser amados e, portanto, morremos de medo de terminarmos sozinhos.

Nós nos apavoramos com a ideia de sermos vistos como realmente somos: às vezes completamente vulneráveis, às vezes completamente sensíveis, às vezes completamente inseguros.

Qual será a chance de termos uma relação bem-sucedida, doce e potente, se não somos capazes de acreditar em nosso próprio potencial?

Estudei por mais de 15 anos a categoria de beleza. Visitei mais de 100 casas de consumidoras no Brasil para entender hábitos e atitudes sobre uso de maquiagem. Mulheres de classe alta, mulheres de classes mais baixas, praticamente de todas as faixas de idade.

Maquiagem é item de consumo recorrente na vida das mulheres brasileiras, e de uso diário – às vezes, uma mulher retoca a maquiagem mais de três vezes ao dia.

A categoria de cosméticos no Brasil faturou, segundo a Euromonitor Internacional, 109,7 bilhões no ano de 2018 e o setor continua a crescer.

Durante as entrevistas, as mulheres expressavam sua motivação para o uso dos produtos: a categoria de base (cobertura de pele) é uma que tem alta penetração no mercado brasileiro, inclusive em regiões muito quentes do Brasil como o Recife, o que era curioso até para a indústria.

O que se pode perceber ao longo desse trabalho é uma realidade muito triste. Muitas, mas muitas mulheres, usam a maquiagem não para ficarem mais lindas, exaltarem sua beleza, mas sim, para esconderem o que consideram imperfeições. Grande parte dessas mulheres admitiram que acordam e vão direto para o banheiro corrigir sua pele, olheiras, espinhas e outros detalhes antes de qualquer pessoa da casa as enxergarem. Algumas mulheres relataram que sequer se reconhecem sem maquiagem no espelho: "quando me olho no espelho sem nada, não acredito que sou eu. Me sinto feia, deformada, manchada. É horrível o que vejo no espelho."

Isso sem precisar citar intervenções estéticas e cirurgias plásticas. O Brasil é recordista mundial em plásticas íntimas. Em 2016, vinte e cinco mil mulheres buscaram corrigir as "imperfeições vaginais". Sério, alguém poderia me contar o que é uma vagina imperfeita, que eu ainda não entendi?

Estamos exigindo tanto de nós mesmas, que uma espinha pode aterrorizar a vida de uma mulher.

"Tenho medo que meu marido me veja sem maquiagem".

O que se percebe é uma busca insana por uma imagem perfeita que está sempre estampada na mídia, mas que é inalcançável. Mulheres com sua autoestima esmagada em meio a tanta projeção e não se permitindo acordarem de cara limpa.

Uma realidade pesada.

Sermos vistas de verdade, sem máscaras, com nossas imperfeições e inseguranças é um ato de coragem que reconstrói a maneira como nos relacionamos.

Vale lembrar que essa programação de autodesvalorização também está presente no universo masculino, mas simbolizada por diferentes códigos.

Tanto fisicamente – o tamanho do pênis é uma questão bem séria no mundo dos homens, quanto condicionalmente – "o que esse cara tem para oferecer?..."

É um universo bem difícil de lidar, com mais preocupações com os diminutivos. O interessante é que os códigos culturais que regem o medo e os anseios dos homens e das mulheres são completamente diferentes (segundo uma pesquisa realizada pelos americanos Patrícia Love e Steven Stosny e apresentada no livro *Não Discuta a Relação*).

Se para nós, o medo de ficar sozinha e do abandono é uma emoção difícil de lidar; para eles, o medo do fracasso é muito violento, mexe profundamente com suas autoestimas e os deixa, muitas vezes, congelados, sem condição de aprofundar uma relação de amor.

E isso é um fato que trazemos em nosso DNA. Se pensarmos desde os tempos primórdios, quando um homem ia à caça e deixava sua família na caverna, seu retorno sem comida era a experiência de ver sua própria família morrer.

Fracassar para os homens naqueles tempos tinha a ver com a ideia de morte. Falhar nesse sentido significava a pior dor que eles poderiam sentir, mas não era assim para as mulheres. Para elas, que esperavam junto com suas crias que o homem voltasse com a caça, a dor dele não retornar, a sensação de ser abandonada, era igualmente comparável à dor da morte.

Por incrível que pareça, essa experiência ainda se reflete nas nossas relações nos dias de hoje. Quando nos apaixonamos e decidimos construir uma história juntos, o homem, no geral, ainda busca reforçar seu papel de provedor da família e se dedica com mais afinco ao trabalho, reforçando seu esforço justificado pelo desejo de prover.

A mulher, por sua vez, não teme o fracasso profissional. Talvez essa seja até uma justificativa que as vem colocando em uma situação de grande potência no mercado de trabalho, mas o medo do abandono, mesmo que seja apenas a sensação de que seu parceiro esteja menos dedicado à relação e mais dedicado a prover, é sim, algo que ainda nos tira do prumo...

Esse exercício de compreensão, eu gosto de chamar de código cultural masculino e feminino. Claro que isso não é uma regra, mas é uma energia que nos circunda por toda nossa história. E trazer esses códigos para nossa consciência nos ajuda a enxergar o outro simplesmente da forma como ele é.

Sendo assim, se quisermos construir relações mais amorosas e potentes, precisamos fazer um trabalho de autoconscientização e relembrar que nossos medos de abandono e fracasso são apenas medos. Não morreremos se fracassarmos ou se nos sentirmos abandonadas eventualmente.

De acordo com Brené Brown, é fundamental que voltemos a ser generosos conosco (e também com nosso entorno), que abracemos nossa vulnerabilidade e imperfeições sem medo de mostrar quem somos, que deixemos nossa máscara cair, que nos entreguemos, mesmo sem garantias.

Essas pequenas mudanças são os primeiros passos para construir uma nova realidade, mais generosa e mais afetuosa nas relações.

Carência

Parece mentira, mas nem é. Só de pensar em aprofundar o tema da carência me levantei do computador para fazer uma sobremesa de chocolate.

Nos tempos modernos, não é nada difícil falar sobre carência. Estamos todos muito carentes. Criamos uma sociedade baseada em ter coisas, mas completamente despida de alma.

Estava neste exato momento buscando a definição sobre carência. O que é exatamente carência?

Um substantivo feminino (mais uma armadilha das narrativas feitas pelos homens). No sentido figurado, significa a necessidade emocional, afetiva e/ou sentimental: carência de carinho.[10]

Carência, para mim, é o vazio de mim mesma. É quando olho para dentro e não vejo nada, é quando procuro a luz fora, porque dentro de mim está sombrio, angustiante e desconfortável.

Certa vez, fiz uma pesquisa que explorava como as pessoas definem seu dia a dia. As respostas mais comuns foram: vida corrida, sem tempo, atribulada, muita atividade (sempre as mesmas, chegava a ser chocante como as respostas se repetiam, independentemente de classe, região, sexo ou idade).

A pergunta em seguida era: o que vocês costumam fazer quando sobra um tempinho para vocês? E as respostam continuavam se repetindo: vou ao shopping, ligo para alguém para bater papo, vou ao salão... (nenhuma resposta relacionada a uma pausa, a uma conexão interna, considerando que todos reclamaram inicialmente que não tinham mais tempo para nada),

Depois perguntava: vocês costumam ficar sozinhos? Praticamente nenhum participante respondeu que sim.

"Eu odeio ficar sozinha, gosto de atividades, de ver gente... Se me sinto sozinha, vou ao shopping bater perna, olhar vitrine, me distrair"

Estamos desnutridos de nós mesmos.

Quando fui estudar Ayurveda na Índia, a primeira definição que aprendi sobre um corpo saudável é um corpo que faz uma boa digestão. Um corpo que não faz uma boa digestão já é considerado um corpo doente.

Na Ayurveda, existe uma coisa que eles chamam de *agni*, o fogo biológico que governa o organismo, sendo responsável pela boa digestão, absorção dos alimentos, **e principalmente, pelas emoções ligadas ao interesse pela vida.**

Descobri que para se equilibrar o *agni*, é preciso mudar seus hábitos em relação à alimentação, mas também, principalmente, mudar seus pensamentos em relação à vida.

Essa etapa foi um desafio para mim. Primeiro, porque é preciso tomar consciência do quão carente e esvaziados estamos e depois reconstruir um modo de vida que nos preencha como ser.

Como investi muitas e muitas horas trabalhando (posso dizer que estava realmente viciada em trabalho) e ocupava de forma "honrosa" meu tempo, foi muito dolorido entrar em contato com o vazio que restou dentro de mim quando me distanciei um pouco do trabalho – e, vejam, apenas reduzi o tempo que disponibilizava para minha empresa.

Tomei a decisão de experimentar um tempo comigo – sem festas com amigas, sem encontros para aliviar minha "suposta" carência. Já no primeiro dia, senti um vazio tão terrível que chorei descontroladamente uma tarde inteira. Sem saber o que fazer, peguei o carro e fui até uma livraria e passei algumas horas olhando livros, meio que de forma aleatória – estava tão apavorada pela sensação de solidão que tomava todo o meu corpo, que cheguei a pensar comigo mesma: "vou morrer sozinha aos 35 anos".

A segunda coisa que veio a minha cabeça foi: "como posso começar uma nova relação com esse vazio dentro de mim? Serei capaz de engolir alguém que se aproximar nesse momento."

Lembrei daquele conceito de antropofagia que fala de comer carne humana, de forma que ao comer, as qualidades do indivíduo que é comido se incorporariam em nós, como a bravura e a coragem de um guerreiro.

Foi difícil, mas esse mergulho de ficar comigo mesma foi libertador.

A maneira que encontrei para "dar conta" desse vazio profundo que tinha dentro de mim foi construir uma lista que chamo de atividades de autocuidado e nutrição – hoje nem acredito que seja a forma ideal – venho me desafiando para abraçar o vazio, não fazer nada, ter tempo ocioso, mas naquele momento, foi o recurso que encontrei para atravessar a fase que estava vivendo. Fiz uma lista de todos os filmes, livros, exposições que queria ter visto, lido e ido e que não fui por falta de tempo.

Construí pequenos roteiros de finais de semana para viajar sozinha, procurei massagens, atividades manuais, tudo o que pudesse acalmar meu coração, mas o ponto que mais contribuiu para encontrar meu espaço de cura, foi fortalecer meu ciclo de troca com as mulheres. Esse grupo me nutriu, trouxe significado para minha jornada e me deu coragem para abraçar quem eu sou.

Ao me preencher, acolher meu medo da solidão e principalmente parar de bancar a heroína que quer salvar os outros, fui adquirindo muito mais lucidez para lidar com um tema tão sagrado como as relações amorosas (claro que, eventualmente, escorrego em todos os pontos que escrevi aqui, mas hoje tenho mais recursos internos para identificar que estou saindo de meu centro e reavaliar melhor com quem e de que forma troco minha energia num relacionamento amoroso).

Tudo isso passa obviamente também pelo tema do sexo. É impossível passar por esse capítulo sem falar sobre isso, já que melhora sensivelmente a qualidade de vida quando estamos cada vez mais integrados com nosso ser.

Hoje, tenho muito claro que há duas fortes energias que rodeiam o ato sexual: uma delas muito sublime, orgástica, tântrica e meditativa, e, quando acontece, é um momento incrível onde você se encontra em estados que poucas vezes se experimenta, onde se pode transcender. Às vezes, se dá casualmente, sem que se espere; em outras, vai-se construindo a intimidade, conhecendo-se um ao outro, criando-se liberdade para sermos vistos sem máscaras...

A outra forma, que acontece com muita frequência, e que hoje evito ao máximo é o que chamo de sexo-descarga. O outro está pesado, tenso, carente e, principalmente, se você está inteira, ele deseja sugar sua energia. No final da transa, você está cansada, e principalmente, sem vontade de trocar com seu parceiro.

Corre, que aqui é roubada.

Com o tempo, conversando muito sobre sexualidade, reconheço essa energia com mais facilidade, mas a dica é sempre tentar sair do espaço da ilusão que a gente cria porque está muito ansioso para amar e trazer bastante consciência para si, para utilizar seus próprios sentidos, deixando-os cada vez mais apurados e precisos.

Quando estamos plenos de nós mesmos, a conexão com o outro é tão profunda que fica bem mais fácil falar de novos modelos de relacionamento como os que estão sendo discutidos nos tempos modernos. Isso se dá também porque, para a sexóloga Regina Navarro Lins, a grande força de um relacionamento está na parceria construída entre o casal, esta sim, um toque do espírito do amor que deve ser preservado ao longo de uma vida.

Se a relação deve ser monogâmica, fechada, aberta, "trisal", semiaberta, amor livre, amor livre conectado, poliamor, "uhullll", isso deverá ser sentido em cada situação, sempre com muita atenção ao corpo espiritual daquele encontro.

Não há regra. A beleza é deixar o controle e a rigidez de lado e experimentar aquilo que aquele relacionamento pede, inspira e descortina... Mas, ainda mais potente do que a experiência de um encontro a dois, é encontrar o espaço do sublime e transcender. Poder permanecer por segundos, minutos ou por horas em um estado de amor que está acima do encontro da carne, esse é o lugar em que nos encontramos com uma força maior.

E é, sem dúvida, o espaço que eu mais desejo experienciar.

Fonte: Dicio – Dicionário online de português.

ESPIRITUALIDADE
a confiança no processo

SEM NENHUM PLANEJAMENTO, fruto de um encontro com um brasileiro no avião que ia para a Tailândia, descobri uma cidade na Índia que supostamente tinha um grande médico ayurvédico que poderia me atender e guiar meus aprendizados sobre essa medicina milenar tão importante na minha vida.

Depois de dois meses viajando, tomei a difícil decisão de encarar a Índia. Sendo uma mulher viajando sozinha, que não dominava tão bem o inglês, senti o chamado de embarcar naquele universo milenar, caótico e sereno, assustador e deslumbrante, acolhedor e desafiante, tudo ao mesmo tempo.

Depois de desembarcar em Nova Délhi, andar de tuk-tuk por dias na capital caótica daquele país cheio de cheiros, cores, sabores e cenas impressionantes, entrei em um ônibus que atravessaria por mais de 16 horas, sem banheiro, diversas cenas jamais imaginadas para me desembarcar nos pés do Himalaia.

Cheguei a Dharamsala, cidade que hoje considero minha segunda casa. É um lugar de impressionar, porque apesar de ser uma cidade indiana com esse incrível médico ayurvédico que se tornou uma referência para mim, também é o destino da maioria dos refugiados do Tibet, uma região predominantemente budista onde existe a única escola que ainda ensina a língua tibetana no mundo. Eu estava no lugar que é a atual casa e o templo do 14º Dalai Lama, Tenzin Gyatzo.

Confesso que viajar sem planejamento traz surpresas e encantamentos que nenhum controle e garantia vão nos fornecer, em nenhuma circunstância. Tive a oportunidade de me entregar a esse lugar, fiz amigos refugiados com quem mantenho contato até hoje, mergulhei na história do Tibet, visitei pessoas e locais que me ajudaram a entender a experiência daquele pequeno vilarejo nas montanhas da China e todo o processo extremamente violento e dolorido que o governo chinês liderou para estancar o espírito da simplicidade e da leveza da cultura budista. É de se espantar tamanha violência contra um povo tão pacífico e sereno como o que estava vivendo nas montanhas frias do Himalaia.

Claro que, diante de tanta vida e informação, fiquei muito tocada com tudo que vivi, mas também extremamente chocada com tudo que descobri. Fiquei com raiva por eles, senti a dor das pessoas que se imolaram (tacaram fogo no próprio corpo) porque não queriam viver sob o domínio chinês. Na verdade, fiz muitos julgamentos, fiquei atordoada com tanta dor e sofrimento sem justificativa.

Definitivamente, julguei, cancelei, tomei partido (ou melhor, escolhi um lado). Depois de alguns meses por lá, fui surpreendida pelo convite de uma amiga tibetana para assistir a uma aula do Dalai Lama. Era um dia organizado no templo para falar diretamente com os tibetanos, uma espécie de aula aberta sobre os conceitos budistas, mas também um espaço de celebração e consolidação dos hábitos e costumes tibetanos tão importantes para eles.

Claro que aceitei. Fiquei imaginando por dias que ia apertar a mão do Dalai (já íntima, tirei até foto com ele), ia ver aquelas pessoas vestidas com suas roupas locais, comer suas comidas, compartilhar um momento de troca e profundidade daquele mundo.

E foi assim que tive uma das aulas mais importantes de minha vida. Vi aquele velhinho caminhando pelo templo recebendo suporte e apertando a mão das pessoas com um sorriso que é praticamente impossível descrever.

Ele sorria, fazia piadas na língua tibetana onde todos riam (menos eu, é claro, que não entendia nada), e se ajustou em uma cadeira dourada, uma espécie de trono ornamentado da vida de um iluminado, e começou seu discurso mais ou menos assim (não foram exatamente essas palavras, mas foi o que eu entendi da tradução simultânea da língua tibetana para o inglês e do inglês para os meus ouvidos que sentem em português):

> Eu poderia estar aqui abrindo esse discurso dizendo como sou uma pessoa ressentida por estar proibido de entrar em meu país por mais de 52 anos, poderia contar para vocês como sinto a falta de minha família, dos meus amigos que nunca mais pude encontrar, como sinto falta da casa onde eu cresci, da paisagem que eu nunca mais pude contemplar, mas decidi abrir esse discurso para falar para vocês como eu me sinto abençoado por ter tido a experiência de, mesmo que de forma forçada, poder ser recebido em tantos lugares do mundo desde que fui obrigado a deixar minha casa. Graças ao governo chinês, fiz amigos no mundo inteiro, tenho amigos muçulmanos, hindus, católicos, protestantes e tantos outros que respeito e valorizo imensamente. Sou uma pessoa muito abençoada por ver o budismo espalhado ao redor do mundo, sendo reconhecido como uma filosofia/religião tão amigável e próspera. Pessoalmente, não tenho do que reclamar, só a agradecer.

Fiquei de queixo caído. Não esperava mesmo. Lá estava eu, cheia de raiva e julgamento no coração; e lá estava ele, transcendendo a experiência dolorida e aproveitando o fluxo constante da vida.

O tema que ele decidiu aprofundar naquele dia, e que se seguiu por mais três encontros, foi sobre o "Caminho do Meio", o termo que Sidarta Gautama, o Buda, usou para descrever o caráter do Nobre Caminho descoberto por ele e que leva à libertação. É um importante princípio orientador da prática budista. Nas principais tradições do budismo existentes hoje, o Caminho do Meio refere-se ao conhecimento sobre o vazio (Sunyata) que transcende declarações opostas sobre a existência.

Confiança no processo, a vida sem esforço e o valor do vazio são os grandes aprendizados que, de alguma forma, resumem toda essa jornada até aqui e que eu gostaria de compartilhar.

Confiança no processo

Quando estava no auge dos meus 20 anos, era apaixonada por música brasileira, e junto com uma amiga querida resolvemos produzir shows no Rio de Janeiro de artistas que amávamos, mas que não víamos tocar nos últimos anos em nossa cidade.

Fizemos pequenos shows de forró e a experiência de ser produtora de eventos estava cada vez mais divertida, me parecendo ser uma boa oportunidade de ganhar dinheiro e ser feliz ao mesmo tempo.

Passado um curto período dessa nossa jornada, tivemos a oportunidade de convidar o cantor Jorge Ben Jor a voltar a tocar nos palcos cariocas. Ele estava fora da cena já fazia um tempo, e nós, cheias de vida, movimentamos um imenso show no dia 15 de dezembro de 2000.

Colocamos dentro da Fundição Progresso (casa de shows carioca) mais de 6.000 pessoas, tivemos a oportunidade de curtir junto à galera que foi ao delírio de cima do palco, e, de brinde, pude estar com ele, Jorge Ben Jor, de mãos dadas com a blusa de meu time de futebol favorito.

Foi uma noite longa. Além de sermos anfitriãs de um show que acabou por volta das cinco da manhã, nós duas também éramos responsáveis pela bilheteria que rendeu mais dinheiro do que eu já tinha visto em toda minha vida.

Trabalhamos até as oito da manhã, pagamos grande parte de nossas despesas para quem já estava por lá: a casa de shows, os artistas, os profissionais que nos deram suporte naquela noite.

Voltamos para casa, felizes e completamente esgotadas em uma manhã de sol de verão de nossa cidade. Com as ruas cheias de gente, fomos rendidas por dois homens na porta de casa, encapuzados e com armas de fogo apontadas para nossa cabeça, eles nos tiraram tudo o que restou de nosso trabalho.

Essa história foi, por muito tempo, um dos piores dias de minha vida. Como pode? Não é justo depois de tanto esforço e trabalho ser recebida na porta de casa com tanta violência e hostilidade.

Nesse dia, questionei inclusive minha própria fé.

Minha amiga se mudou para os EUA porque estava completamente fragilizada com nossa experiência e eu, a contragosto, comecei a transcrever fitas cassetes de grupos de pesquisa de mercado que precisavam ser digitalizadas.

Minha amiga se apaixonou por um homem incrível com o que é casada até hoje e tem um lindo filho. Eu transcrevi tanta fita cassete de pesquisa de mercado que acabei por me especializar nessa área e fundei a empresa que tenho hoje.

Já repeti essa história muitas vezes, toda vez que quero explicar para alguém que não há evento ruim que não tenha que acontecer. Definitivamente, temos que passar por tudo o que temos que passar. Está tudo certo.

Hoje, consigo ser grata pelo dia do assalto. Também já consigo entender que o governo chinês ajudou a espalhar a célula do budismo pelo mundo. Imaginem se essa beleza de filosofia estivesse presa até hoje entre as montanhas geladas do Tibet?

Confiar no processo é um dos comportamentos mais regenerativos que podemos ter para construir um novo mundo. Ele nos coloca em um estado de paz e gratidão, que nos permite ser como a água em um rio ou o voo de um pássaro. Confiar no processo nos dá espaço para viver uma vida sem esforço.

Zygmunt Bauman, polonês nascido em 1925, dedicou sua vida a falar da liquidez em tempos modernos. Virou um fenômeno editorial perto dos anos 2000, quando passou a trabalhar com a metáfora da liquidez da água para definir a época em que vivemos.

Nossa sociedade moderna é marcada pela velocidade, pelas experiências fluidas, pela efemeridade, como um fluxo de água, sem pretensão de solidez ou de "enraizamento".

Sejamos água, com força e potência de um mar, mas definitivamente, não precisamos fazer esforço para nada que precisamos viver.

Vida sem esforço

> Quem fica na ponta dos pés não se sente firme.
> Quem corre à frente não chega muito longe.
> Aqueles que tentam ofuscar os outros diminuem sua própria luz.
> Lao-Tsé

Lao-Tsé é uma palavra chinesa que significa "velho mestre". É conhecido também como filósofo e pensador que aparentemente viveu no século VI antes de nossa era e teve a ele atribuído uma das obras mais importantes da antiga China.

Tudo a seu redor é cercado de mistério e sabedoria. Lao-Tsé defende que a vida não precisa de esforço. E talvez esse seja um dos conselhos mais importantes dos últimos tempos.

Viver sem esforço é um apelo à prudência, à simplicidade e à serenidade. Representa uma exaltação à inteligência e à temperança.

Em minha experiência pessoal, o nível de esforço que dedico às coisas passou a ser um termômetro fundamental para me ajudar a tomar decisões. Seja no campo do amor, no profissional ou no pessoal, aquilo que está exigindo muito esforço precisa ser reavaliado.

Hoje, sigo duas premissas que sempre me ajudam a avaliar minhas experiências:

O amor é simples. Se não for simples, não é amor.

Não faço ideia da autoria, mas trabalho com essa frase quase como se fosse um mantra. Se tem simplicidade, leveza, alegria, tem a ver com a experiência do amor. Se é pesado, truncado, difícil, com certeza, não é a amor que estamos nos referindo. Na verdade, nem sei sobre o que seria. Talvez carma, talvez teimosia.

Quem não é feliz com pouco não será com muito.

Frase perfeita para me reavaliar em todas as atividades que me proponho a conduzir, mas também serve como radar para selecionar as pessoas que eu quero a meu redor.

Não existe maior sabedoria do que a junção dessas dez palavras. Tudo que preciso saber está aqui, nessa simplicidade que nem precisa de esforço para sua total compreensão.

Só vale lembrar que esforço não tem nada a ver com energia e presença. Claro que, para que as coisas aconteçam em minha vida, preciso canalizar muita energia e potência nos projetos e nos amores que tocam meu coração.

O exercício que faço o tempo todo para entender se estou falando de esforço ou potência é a checagem de meu estado de espírito. Se trabalho 14 horas por dia em algo que estou interessada, fico atenta para saber se estou vivendo essa experiência com alegria e presença ou se está sendo pesada e penosa.

Essa autoavaliação é simples e extremante precisa. Não tem erro.

Valor do vazio

"Ao invés de fortalecer suas crenças e verdades, deixe elas irem. Só abrindo espaço para o vazio seremos capazes de entrar em estado de criação."

Recebi esse conselho em um momento muito importante de minha vida, em que eu estava muito seduzida com a ideia de adquirir conhecimento.

Despertei minha fome sobre informação. É um universo sedutor parecer inteligente. Queria compreender tudo, criar artifícios, justificar achados, conceituar novos aprendizados, categorizar o fluxo da vida, criar metas, engolir o mundo...

Para uma pesquisadora de comportamento isso é um prato cheio. Mapear comportamentos e atitudes, poder justificá-los com precisão, ser reconhecida, se apresentar como autoridade, é tudo o que um ego precisa para se sentar com conforto na cadeira da sabedoria divina.

Quem acha que sabe, muda a postura do corpo, muda o tom de voz, perde a humildade, abandona os velhos hábitos, se diferencia. Pois é. Foi exatamente aí que mostrei minha mais profunda ignorância.

Quem acha que sabe se limita a tudo que é rígido, busca incessantemente controle e segurança para a manutenção dessa condição, e como tudo está em constante movimento, toda verdade se esgota. É uma espécie de morte, um caminho sem volta, um fim.

"O Tao é constante e quem procura o Tao desaprende algo novo todos os dias."

Então, como uma espécie de regeneração de uma humanidade desesperada por segurança e controle, **deixemos o estado do vazio nos tocar**. Um pouco mais conectados e presentes, batalhemos para entrar em estado de fluxo, dançar de acordo com a música, fluir como as águas de um rio. Deixemos as crenças e certezas de lado **para começar tudo de novo**.

Ao invés de aumentarmos nosso conhecimento, o deixemos "derreter" por completo. Resgatemos nossa humildade. Nada de fato existe, nada externo é tão necessário quanto parece, tudo o que precisamos está dentro de nós: somos a fonte da vida, do conhecimento ancestral, de todas as coisas.

Se nos esvaziamos para entrar em um espaço de criação, descobrimos que tudo o que precisamos está presente na atmosfera que nos rodeia. Não há nada que não esteja a nossa disposição quando reconhecemos que estamos sempre em estado de autocriação.

A vida nunca nos abandona quando estamos apoiados na atmosfera. Um espaço vivo e fértil, complexo e paradoxal, sem nenhum controle e garantia, como um portal de experiências ricas e divinas que preencham nosso ser e nos preparem para o deleite de sentidos infindáveis, é o que precisamos.

Que um novo mundo se apresente a cada um de nós.

O mundo como conhecíamos nunca mais existirá

Existe um conceito no Budismo que talvez seja uma das coisas mais importantes que precisamos compreender para entrar na nova era com maior destreza. É o conceito da Impermanência. A ideia de que ela está em tudo, e que, de alguma forma, somos a impermanência.

Em sânscrito, ela é conhecida pelo termo "Anatta" que afirma a ideia do "não eu", que nega a existência de uma essência pessoal imutável e independente, reforçando que a ideia de um "eu" permanente é uma das principais causas do sofrimento humano.

O conceito da impermanência fala que **tudo na vida muda**: nosso corpo físico, mental e emocional, nossas relações, a natureza, a matéria, tudo o que está ao nosso redor.

Nossas experiências sempre serão novas todos os dias. Não temos controle sobre nada. Este livro que foi escrito, as ideias, as experiências que foram descritas também morrerão, assim como nós, que temos a certeza de que não seremos eternos.

Apego, controle e garantia são os valores mais desejados no mundo atual, e sim, devemos deixá-los de lado e reconhecer que dentro da experiência de que tudo muda, esses valores sequer existem.

Não podemos controlar nada.

E nesse sentido, a impermanência é perfeita. Viver em harmonia com esse conceito nos ajudará a viver com menos medo, e assim ficará mais fácil silenciar nossos corações.

O silêncio também é um estado de grande valor para experienciar um novo mundo. Elaboração será a palavra-chave para reorganizar nossos movimentos com mais precisão.

Respeite a impermanência. Ela é viva, presente, e está o tempo todo junto a nós e nos ajuda a relembrar que tudo o que desejamos, de alguma forma, já está presente.

Vale aqui a citação célebre de Willian Gibson, considerado um dos autores mais influentes da ficção científica: "o futuro já chegou, ele só não está uniformemente distribuído. O novo mundo também já está entre nós, ele só ainda está mal distribuído para todos."

A era de Aquário, que é para alguns a chamada do Despertar da Humanidade, em que deixamos a era da dualidade (era de Peixes) e entramos no conceito da unidade, estará entre nós. Esta ideia da unidade é a percepção da vivência coletiva, onde a dor de um é a de todos: não há separação, divisão.

Como Aquário é um signo aéreo, científico, intelectual e seu planeta regente é Urano, ele é associado à intuição e conhecimento acima da razão. Vale lembrar que Urano é marcado por ser um planeta elétrico e rápido. Traz em si, de forma veloz, a capacidade de inovação e renovação das energias.

Entrar na nova era apegado ao velho mundo, sem dúvida, vai ser doloroso demais. Por isso, esse é o reforço de um convite para abrirmos a escuta e a observação e reconhecer que "um novo mundo é possível" sim.

De alguma forma, essa afirmação já está presente em praticamente todas as coisas: é possível pensar de forma regenerativa, tanto individualmente, mas também quando estamos em relação, junto à nossa família, dentro das organizações e das grandes corporações, em relação ao nosso meio ambiente, na natureza, dentro das periferias, dentro dos governos e lideranças.

Essa é a grande mudança, reconhecer que já fazemos parte de uma nova era, e que ela nos pede novos pensamentos, novas ações, novas tendências, novos paradigmas.

**Um novo mundo é possível porque
ele já existe dentro de cada um de nós.**

Copyrithg © 2021 Adriana Hack

Coordenação Editorial
Isabel Valle

Copidesque
Carla Branco

Capa, projeto gráfico e ilustrações
Luiza Chamma

Dados Internacionais de Catalogação na Publicação (CIP)
(Câmara Brasileira do Livro, SP, Brasil)

Hack, Adriana
  Um novo mundo é possível / Adriana Hack. --
Rio de Janeiro : Bambual Editora, 2021.

  ISBN 978-65-89138-08-2

  1. Comportamento 2. Futuro - Perspectivas
3. Mudança de vida 4. Tendências - Análise
  I. Título.

21-71874   CDD-003.2

Índices para catálogo sistemático:

1. Futuro : Tendências : Previsões 003.2

Maria Alice Ferreira - Bibliotecária - CRB-8/7964

www.bambualeditora.com.br
conexão@bambualeditora.com.br

Quer compartilhar a história
sobre seu novo mundo?

Entre no site
www.umnovomundoepossivel.com.br
e me envie uma mensagem :)